Jede Woche eine neue Wanderung.

Das vorliegende Buch ist eine vielseitige Ideensammlung für einfache Tagesausflüge in der Schweiz. Die 52 Tipps sind auf die Jahreszeiten verteilt: für jede Woche eine neue Wanderung.

Die Touren nehmen jeweils zwei bis maximal vier Stunden Wanderzeit in Anspruch. Ein schöner Reigen wunderbarer «Sonntagsausflüge».

Mal geht's zu einem Kulturgut, mal zu einem geologischen Kleinod, mal steht die Landschaft im Vordergrund und immer die Menschen und ihre Kulturen; nicht zuletzt, bildet auch das Essen ein ständiger Begleiter.

Die beschriebenen Touren wurden alle von Bern aus unternommen und sind konsquent mit dem öffentlichen Verkehr erschlossen. Das hat zur Folge, dass im südlichen Tessin und im Bündnerland leider nur wenige Tipps zu finden sind, wofür wir uns hier in aller Form entschuldigen. Diese beiden Regionen sind uns nicht unwichtig, im Gegenteil, wir werden ihnen in den kommenden Jahren gerne separate Wander- und Ausflugsführer in der Reihe der Coop Wanderbücher widmen.

Wir wünschen Ihnen und Ihrer Familie beim Erwandern der Vorschläge viele schöne Erlebnisse und freuen uns auf Ihre Meinung zu diesem Werk.

Peter-Lukas Meier, Coop Bücher

Inhalt

	Vorwort	1
	Aus dem Wandertagebuch von Fritz Hegi	4
1	Von Flims nach Mulin, GR	8
2	Von Lausanne nach Morges, VD	10
3	Rebenweg von Sierre nach Leuk, VS	12
4	Rundwanderung Zugerberg, ZG	14
5	Von Wolhusen nach Entlebuch, LU	16
6	Vom Sunnbühl auf die Gemmipasshöhe, BE / VS	18
7	Rundwanderung ab St. Ursen über den Fofenhubel, FR	20
8	Von Yverdon nach Yvonand, VD	22
9	Rundwanderung Mettmenstetten, Türlersee, Mettmenstetten	24
10	Von Kaiseraugst nach Liestal, AG / BL	26
11	Von Rüeggisberg nach Schwarzenburg, BE	28
12	Von Lutry nach St-Saphorin, VD	30
13	Von Saignelégier nach Tramelan, JU /BE	32
14	Von Olten nach Zofingen, SO / AG	34
15	Von Langnau nach Eggiwil, BE	36
16	Rundwanderung Wasserfallen, BL	38
17	Von Buttisholz nach Willisau, LU	40
18	Von Sissach nach Läufelfingen, BL	42
19	Vom Uetliberg auf den Albispass, ZH	44
20	Von Boudry nach Noiraigue, Gorge de l'Areuse, NE	46
21	Von Forch über den Pfannenstiel nach Männedorf, ZH	48
22	Von der Riggisalp nach Schwarzsee Bad, FR	50
23	Von Vuiteboeuf nach Sainte Croix, VD	52
24	Von Bowil nach Röthenbach, BE	54
25	Von Baden nach Endingen, AG	56
26	Vom Männlichen zur Kleinen Scheidegg auf die Wengernalp, BE	58
27	Oeschinensee, BE	60
28	Von Planplatten auf die Engstlenalp, BE	62
29	Schächentaler Höhenweg, UR	64
30	Von Grindelwald auf die First zur Bussalp, BE	66
31	Bisses de Nendaz, VS	68
32	Massaweg, VS	70

33	Höhenweg Kreuzboden nach Saas Almagell, VS	72
34	Rundwanderung Ritomsee, TI	74
35	Vom Bettmerhorn auf die Fiescheralp, VS	76
36	Schwyzer Panoramaweg. Von Mostelberg nach Ibergeregg, SZ	78
37	Vom Chasseral nach Prés d'Orvin, BE	80
38	Rundwanderung Bauma, ZH	82
39	Von Charmey nach Gruyère, FR	84
40	Von Romainmôtier nach La Sarraz, VD	86
41	Von der Moosalp nach Bürchen, VS	88
42	Von Oey-Diemtigen nach Erlenbach, BE	90
43	Von Flüh über Mariastein nach Laufen, SO / BL	92
44	Von Aarau nach Schinznach Bad, AG	94
45	Von Mellingen nach Bremgarten, AG	96
46	Von Kaiserstuhl nach Eglisau, AG	98
47	Von Stäfa nach Rapperswil, ZH / SG	100
48	Von Rapperswil nach Schmerikon, SG	102
49	Von Dürrenroth nach Sumiswald, BE	104
50	Von Kreuzlingen nach Weinfelden, TG	106
51	Rundwanderung Wynigen, BE	108
52	Kunst- und Kulturwanderung in Romont, FR	110

Wanderfitzig: Fritz Hegi.

Landschaftswunder: Moosalp mit Mischabelgruppe VS.

Genuss: Walliser Käseschnitte.

Allwettertauglich: Jede Woche eine neue Wanderung.

52 Tourentipps fürs ganze Jahr

Aus dem Wandertagebuch von Fritz Hegi

Fritz erzählt von seinen Wander-Erlebnissen. Der pensionierte Ingenieur Fritz Hegi (69) unternimmt, angeregt durch Franz Hohlers Buch «52 Wanderungen», seit sieben Jahren jede Woche – für gewöhnlich donnerstags – eine Wanderung. Immer von seiner Heimatstadt Bern aus und immer mit dem öffentlichen Verkehr. Tagesausflüge eben.

Hier geht's lang: Wanderleiter Fritz.

Fritz ist allwettertauglich. Bei Nebel und Schnee fällt eine Wanderung vielleicht mal etwas kürzer aus und wird, statt gemeinsam mit acht Freunden, schon mal alleine unter die Füsse genommen. Das schreckt Fritz nicht ab. Er geniesst ganz einfach unsere Schweiz, ihre Menschen, ihre Kultur, die Geschichte und die Natur.

Die Begeisterung steht Fritz ins Gesicht geschrieben, und seine Energie ist beeindruckend. Vielleicht stammt sie von den feinen Mittagessen und dem Gipfeltrunk, welche bei Fritz – wie könnte es anders sein? – zum guten Wanderton gehören, und die er auch nie zu erwähnen vergisst.

Als Quelle seiner Wanderideen dienen Fritz Hegi die Fülle des Internets, verschiedenste Wanderführer, das Wandermagazin SCHWEIZ, Wandervorschläge von Tourismusorganisationen und Transportunternehmen sowie Tipps von Freunden und Bekannten. Immer entstehen aus diesen Ideen neue Routen, verlängerte oder verkürzte Wanderungen, angepasst auf die Bedürfnisse von Fritz und seinen Begleitpersonen.

Gruppenerlebnis: Gemeinsam über die Gemmi BE/VS.

Gipfelrast: Verschnaufpause verdient.

Seit sieben Jahren mindestens einmal pro Woche die Wanderschuhe geschnürt: Autor Fritz Hegi.

Fritzens beruflicher Hintergrund als Techniker drückt auch in seiner Wandertätigkeit durch: Er gewinnt seine Wanderkameraden und -kameradinnen nicht übers Rumreden am Telefon. Fritz führt seit Jahren eine eigene Website und schreibt dort seine Wandertouren im Vorfeld aus, wenn es sein muss auch per Smartphone. Wer aus seinem Bekanntenkreis Lust hat, kann ihn auf seinen schönen und vielseitigen Touren begleiten. Fritz ist überzeugt, dass genussvolles Wandern im Freundeskreis nicht nur dem Körper, sondern auch der Seele gut tut.

Fritz wäre nicht Fritz, wenn er nicht spätestens am Tag nach einer Wanderung seine Erlebnisse in Text und Bild im Internet präsentierte. Hier kommt der Coop Buchverlag ins Spiel. Fasziniert durch die Fritz'sche Genauigkeit und durch seine Berichte, haben wir ihn gebeten, seine Touren für einen ganzen Jahreslauf in diesem Coop Wanderführer zusammenzustellen.

Entstanden ist ein aussergewöhnliches und gelungenes Werk. – Merci Fritz!

Blick über den Vorderrhein von der Aussichtsplattform «Il Spir».

NATUR ■■■■□
FAMILIE ■■■■□
KULTUR ■□□□□
KONDITION ■■□□□

400 Meter über dem Rhein
Flims–Trin Mulin GR

START Flims Postautostation Dorf
ZIEL Trin Mulin Postautostation
CHARAKTERISTIK Durch schöne Wälder zu einer atemberaubenden Aussichtsplattform und malerischen Seen
WANDERZEIT knapp 3 h
LÄNGE 9,6 km

Knapp 400 m unter uns windet sich die Rheinschlucht. Wir stehen auf der 2006 errichteten Aussichtsplattform bei Conn. Architektin war die Churerin Corinna Menn. Die Plattform wird «der Mauersegler», auf Romanisch «Il Spir», genannt. Die dreieckige Form sieht aus wie die ausgebreiteten Flügel des «im Original» etwa 20 cm grossen Vogels. Es ist wirklich atemberaubend, fast wie ein Vogel über der Schlucht zu schweben.
Blenden wir rund 10 000 Jahre zurück. An dieser Stelle liegen die Geröllmassen des Flimser Bergsturzes. Wikipedia erklärt, dass der Flimser Bergsturz rund 300-mal grösser gewesen sein soll als derjenige von Goldau. Es soll sogar der zweitgrösste der Welt sein. Der Rhein musste sich also seinen Weg durch dieses Geröll bahnen. Dem heutigen Besucher bietet sich dadurch ein fantastisches Naturschauspiel. Und man liest nicht ohne Grund vom «Grand Canyon der Schweiz».
Wir planten diese Wanderung als Winterwanderung. 2 Tage vorher gab es allerdings einen so starken Wärmeeinbruch, dass der gesamte Schnee weggeschmolzen war. Wir glaubten schon, staubige Schuhe zu bekommen. Wunderbarerweise hatte es dann

Hin und zurück
Mit öV ab Bern

Anreise: Via Zürich nach Chur (IC, IC). Weiter mit Postauto nach Flims Post.

Rückreise: Mit Postauto von Trin Mulin nach Chur. Weiter via Zürich nach Bern (IC, IC). Reisezeit: ca. 3 h.

einen Tag vor unserer Wanderung wieder zu schneien begonnen, so dass die Wanderung in dichtem Schneetreiben stattfand. Wirklich mystisch war es deshalb, durch den wunderschönen Fichten- und Tannenwald zu wandern. Einen Wermutstropfen brachte das Wetter aber mit sich, wir konnten das Berg-Panorama rings um Flims nicht bestaunen. Das Restaurant Conn und die Aussichtsplattform liegen etwa auf halber Strecke und sind ideal geeignet, die Mittagspause dort einzuschalten. Es führen viele Wege zum «Lag la Cauma» oder zum «Lag la Cresta». Die Zahl

Wanderweg zum Crestasee.

der Wegvarianten ist beeindruckend, und dennoch läuft man nie Gefahr, sich zu verirren.

SCHWIERIGKEIT T1
HÖHENDIFFERENZ
aufwärts 80 m;
abwärts 300 m
AUSRÜSTUNG

normale Wanderausrüstung
EINKEHREN
Restaurant Conn und Holzerheim, www.conn.ch
info@conn.ch
Telefon 081 911 12 31
Weitere Restaurants:
Hotel Vorab, Hauptstr. 38
7017 Flims Dorf
Telefon 081 911 18 61

www.hotelvorab.ch
Restaurant Ustria Parlatsch
Trin Mulin
Telefon 081 635 15 66
www.parlatsch.ch
JAHRESZEIT
ganzjährig
KARTEN
Landeskarte 1:50 000,
T 247 Sardona

Elegant und spektakulär: Il Spir.

Genfersee-Dampferflotte im Hafen von Ouchy.

Am Westschweizer Meer
Lausanne – Morges VD

START Lausanne
ZIEL Morges
CHARAKTERISTIK Flachwanderung dem Wasser entlang
WANDERZEIT 3 h
LÄNGE 12,9 km

Vom Bahnhof Lausanne ist man in wenigen Minuten in Ouchy und hat Feriengefühle. Der Genfersee kommt einem vor wie ein Meer, vor allem, wenn man Richtung Westen blickt und kein gegenüberliegendes Ufer mehr sieht.
Die neue Metro nach Ouchy wurde 2008 eröffnet. Vorher gab es bei der Baustelle einige Vorkommnisse, die etwas aussergewöhnlich waren. So stürzten 2005 beim Tunnelvortrieb unter dem Place Saint-Laurent mehrere hundert Kubikmeter durchnässte Erdmasse in die Tunnelbaustelle.
Die Schiffsflotte liegt im Winterschlaf. Es weht eine steife Bise und es ist kalt. Achtung, beim Schwimmbad sind Sommer und Winter zwei unterschiedliche Wege zu nehmen.
Der Weg bis Morges verläuft praktisch auf der ganzen Länge immer schön dem Ufer entlang. Wir denken schon, dass da der eidgenössische Verfassungsartikel über den freien Zugang zu den Seeufern hier besonders sauber umgesetzt ist. Aber da gibt es halt doch Ausnahmen: Vor St-Sulpice zweigt der Weg rechts ab und verläuft hinter einigen direkt am Strand liegenden Häusern. Bei den nächsten Häusern verläuft unser Weg wieder direkt am Ufer. Ob diese Hausbesitzer weniger Einfluss hatten? Oder den Wanderern einfach die Ufersicht gönnen? Im Restaurant La Plage in

Hin und zurück
Mit öV ab Bern

Anreise: Mit IC nach Lausanne. Weiter mit der Metro nach Ouchy.
Reisezeit: ca. 1 h 20.

Rückreise: Von Morges via Lausanne nach Bern (IR, IC).
Reisezeit: ca. 1 h 30.

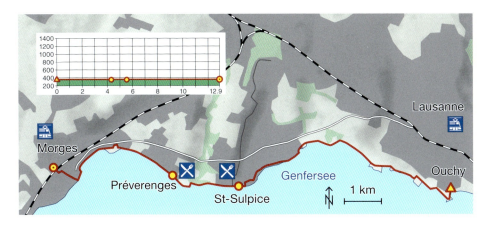

Yucca im Winter.

Kirche St-Sulpice.

SCHWIERIGKEIT T1
HÖHENDIFFERENZ
aufwärts 0 m; abwärts 0 m
AUSRÜSTUNG
normale Wanderausrüstung
EINKEHREN
Restaurant La Plage
1028 Préverenges
Telefon 021 803 07 93
(So, Mo Ruhetag)
www.hotel-laplage.ch
info@hotel-laplage.ch
JAHRESZEIT ganzjährig
KARTEN
Landeskarte 1:50 000,
T 261 Lausanne

Préverenges essen wir vorzüglich zu Mittag. Die Bedienung ist äusserst freundlich.
Bei Morges sehen wir eine blühende Yucca mit schönen Blüten. Es handelt sich um Yucca gloriosa «Variegata». Sie gehört zu den frosthärtesten stammbildenden Yuccas (–18 bis –25°C). Das milde Seeklima lässt die Pflanze bis in den frühen Winter blühen.

Eine Stimmung wie am Meer.

11

Blick über die Rebberge Richtung Leuk.

WOCHE 03

NATUR
FAMILIE
KULTUR
KONDITION

Auf dem Weinwanderweg
Rebenweg Sierre–Salgesch–Leuk VS

START Sierre
ZIEL Station SBB Susten-Leuk
CHARAKTERISTIK Etwas längere Wanderung durch Rebberge und über die Sprachgrenze
WANDERZEIT 4 h
LÄNGE 12,3 km

Es gibt aktuelle Ereignisse, von denen man noch nach Jahren genau sagen kann, wann und wo man sich befand, als man davon erfuhr. Auch diese Wanderung ist fest mit einem Ereignis verbunden. Es war kurz nach Varen, mitten in den Rebbergen, als ich über das Handy vernahm, dass ein bekannter Bundesrat abgewählt worden sei. Ob mich die Abwahl freute oder ärgerte, spielt keine Rolle, sie bleibt so unvergessen und mit der Wanderung verknüpft.

Vom Bahnhof Sierre braucht es trotz der Wegweiser etwas Spürsinn, um den richtigen Einstieg zum Wanderweg Richtung Veyras zu finden. Beim Château Muzot kommen wir in Berührung mit dem Dichter Rainer Maria Rilke. Er wohnte in diesem kleinen Schloss am Wegrand während seiner Schweizerzeit von 1921–1923.

Der Kontrast der dunkeln Rebenstöcke zu dem weissen Schnee hat einen ganz besonderen Reiz. Es gibt Bilder wie auf einem Gemälde. Weiter kommen wir an Erdpyramiden vorbei. Die Suone, welcher wir

Haus von Rainer Maria Rilke.

> **Hin und zurück**
> **Mit öV ab Bern**
>
> **Anreise:** Mit IC nach Visp und weiter mit Interregio nach Siders. Reisezeit: ca. 1 h 20.
>
> **Rückreise:** Von Leuk mit Interregio nach Visp und weiter mit IC nach Bern. Reisezeit: ca. 1 h 10.

eine Zeitlang folgen, führt im Moment kein Wasser. Nach dem Überqueren eines kleinen Tobels überschreiten wir die Sprachgrenze. Diese ist hier ziemlich scharf abgegrenzt. Wegweiser und Infotafeln sind jetzt nur noch deutsch angeschrieben.
Das Weinbaudorf Salgesch liegt auf der Höhe des Talbodens. Wir steigen durch wunderschöne Rebberge wieder etwas an und erreichen rechtzeitig zum Mittagessen Varen. Im Restaurant Varensis bestellen wir einen Walliserteller und zum Abschluss ein grosses Dessert.
Auf dem kurzen Wegstück bis Leuk, bzw. die Bahnstation Susten-Leuk, ist gute Gelegenheit, das Essen zu verdauen und den Ausblick in einen der letzten naturbelassenen Wälder der Schweiz, den Pfynwald und den imposanten Illgraben, zu geniessen.

SCHWIERIGKEIT T1
HÖHENDIFFERENZ
aufwärts 400 m;
abwärts 250 m
AUSRÜSTUNG
normale Wanderausrüstung
EINKEHREN
Restaurant Varensis
Dorfstrasse 56, 3956 Varan
Telefon 027 473 18 95
JAHRESZEIT
ganzjährig
KARTEN
Landeskarte 1:50 000,
T 273 Montana

Auch im Winter reizvoll.

Der Suone entlang.

Richtung Süden auf dem Zugerberg.

NATUR
FAMILIE
KULTUR
KONDITION

Über dem Nebelmeer
Rundwanderung Zugerberg ZG

START Zugerberg
ZIEL Zugerberg
CHARAKTERISTIK Genusswanderung im Sommer und im Winter auf gut ausgebauten Wegen
WANDERZEIT Sommer 3 h; Winter 3 h 30
LÄNGE 10 km

Der Zugerberg war früher das Synonym für schwere Strafen im Militär. Das Militärstraflager war dort bis ins Jahr 1988 in Betrieb.
Diese Rundwanderung habe ich einmal im Winter und das andere Mal im Sommer gemacht. Der Zugerberg ist eine ideale Ganzjahresdestination für Wanderer.
Im Winter folgen wir auf dem Rundweg den pinkfarbenen Wegweisern. Ein riesiges Nebelmeer breitet sich unter uns aus. Oben ist eitel Sonnenschein. Vom Zugerberg aus gesehen, dominiert der Pilatus die Szene. Entlang des Weges vom Ewegstafel zum Früebüel (früher war hier das erwähnte Militärstraflager) liegt ein seltenes Moorgebiet. Die Landschaft erinnert vor allem im Winter fast ein wenig an Finnland. In der Pfaffenbodenhütte werden Wanderer auf einer Tafel mit «Hier essen Sie gut» angesprochen. Das wollen wir natürlich prüfen und setzen uns in die heimelige Gaststube (im Sommer auf die Terrasse mit der wunderbaren Aussicht).
Im Winter munden das Ghackete mit Hörnli und die Älplermaccaronen.
Der Pfaffenboden ist auch der Wendepunkt unserer Rundwanderung. Auf dem

Hin und zurück
Mit öV ab Bern

Anreise: Mit IC nach Zürich und weiter mit Interregio nach Zug. Bus Nr. 11 (Station Metalli West) Richtung Schönegg bis Endstation. Umsteigen auf die Standseilbahn Zugerberg.
Reisezeit: ca. 2 h.

Rückreise: Mit Standseilbahn bis Schönegg. Umsteigen auf Bus Nr. 11 (Richtung Zug Schulhaus) bis Station Metalli West. Interregio nach Zürich und weiter mit IC nach Bern.
Reisezeit: ca. 2 h.

Rückweg kommen wir nochmals bei der Kapelle Buschenchäppeli vorbei. Es hat dort Tische, Bänke und eine Feuerstelle für diejenigen, welche Verpflegung aus dem Rucksack vorziehen. Und wenig später kommen wir tatsächlich an einem Wegweiser vorbei, der mit «Negerdörfli» angeschrieben ist. Ob das heute noch politisch korrekt ist? Wie gesagt, die Rundwanderung ist sommers und winters sehr gut zu machen. Bei Schnee muss man einfach etwa eine halbe Stunde mehr einrechnen.

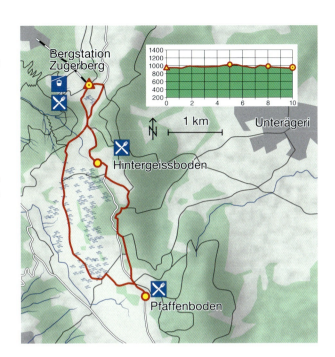

SCHWIERIGKEIT T1
HÖHENDIFFERENZ
aufwärts 150 m;
abwärts 150 m
AUSRÜSTUNG
normale Wanderausrüstung
EINKEHREN
Restaurant Pfaffenboden
Telefon 041 758 15 06
(Ruhetag ist Montag)
www.pfaffenboden.ch
Weitere Restaurants
Restaurant Zugerberg
www.restaurant-zugerberg.ch
Telefon 041 711 05 06
Restaurant Hintergeissboden
Telefon 041 720 26 36
JAHRESZEIT
ganzjährig
KARTEN
Landeskarte 1:50 000,
T 235 Rotkreuz

Hier gibt's gutes Essen.

Pilatus über dem Nebelmeer.

Eiszapfenwanderung im März.

NATUR
FAMILIE
KULTUR
KONDITION

10 Millionen Jahre Wanderung
Wolhusen – Entlebuch LU

START Wolhusen
ZIEL Entlebuch
CHARAKTERISTIK
Angenehme Flussuferwanderung der Kleinen Emme entlang, mit Überraschungen
WANDERZEIT 3 h
LÄNGE 9,6 km

Etwas erschrocken sind wir schon, als wir die kleine Brücke über die Fontanne bei der Burgmatt traversierten. Am Ende des Übergangs lag ein erst vor kurzem gerissenes Schaf mitten auf der Brücke. Ob der Wolf hier seine Beute gerissen hat? Auf jeden Fall werden wir erinnert, dass hier die rohe Natur allgegenwärtig ist.

Es ist kalendarisch eine Woche vor dem astronomischen Frühjahrsbeginn, aber immer noch sehr kalt, und auf der ganzen Uferstrecke zwischen Wolhusen und Entlebuch liegt Schnee, und dort, wo die Sonne nicht hinscheint, hangen riesige Eiszapfen.
Die ersten paar hundert Meter nach dem Bahnhof Wolhusen wandern wir auf dem Trottoir, bis zum Dorfkern, wo wir in einem Tea-Room unseren Startkaffee mit Gipfeli geniessen. Der Weg folgt dann ein kurzes Stück über das Feld, bevor er die Kleine Emme überquert. Wir wandern ein schönes Stück an der linken Uferseite, bis das oben erwähnte Brücklein kommt. Das Chalchloch (der Name hat einen Bezug zur ehemaligen Kalkgewinnung) ist die Attraktion auf dem nächsten Abschnitt. Die Nagelfluhfelsen sind hier wunderbar freigelegt und bilden das tief zerklüftete und stellenweise trogartige Flussbett. Alles ist hier im Fluss und immer noch in Bearbei-

Hin und zurück
Mit öV ab Bern

Anreise: Mit dem Regioexpress nach Wolhusen. Reisezeit: 1 h 08.

Rückreise: Ab Entlebuch mit dem Regioexpress direkt, oder mit der S-Bahn via Langnau nach Bern (S6, S2).
Reisezeit: 1 h 04 oder 1 h 26.

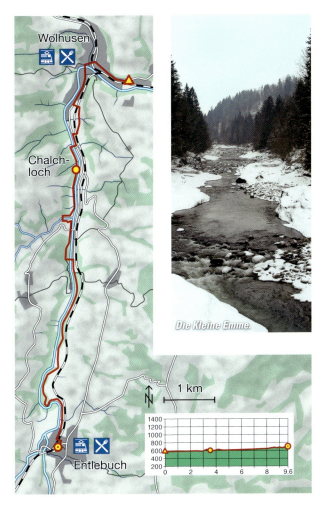

Die Kleine Emme.

tung seit 10 Mio Jahren. Unterwegs ist es Zeit für eine kleine Verschnaufpause. Möglichkeiten mit schönen Picknickplätzen hat es genügend.
Noch unter einem Felsband durch und entlang einer letzten Fluss-Schlaufe und wir sehen schon die grossen Gebäude des früheren Versandhauses Ackermann in Entlebuch. Im Bahnhöfli beim singenden Koch, Willi Felder, kehren wir gerne ein und essen einen Hackbraten mit Härdöpfustock.

SCHWIERIGKEIT T1
HÖHENDIFFERENZ
aufwärts 100 m;
abwärts 100 m
AUSRÜSTUNG
normale Wanderausrüstung
EINKEHREN
Am Schluss im Restaurant Bahnhöfli, Entlebuch, www.bahnhoefli-entlebuch.ch
Telefon 041 480 13 25
(Mo und Di geschlossen)
Weitere Restaurants:
Gasthof Krone, Wolhusen
Telefon 041 490 11 23
www.krone-wolhusen.ch
(Di geschlossen)
JAHRESZEIT
ganzjährig
KARTEN
Landeskarten 1:50 000,
T 234 Willisau und
T 244 Escholzmatt

Mmm... Hackbraten mit Kartoffelstock.

Mittagsrast im bekannten Berghotel Schwarenbach.

NATUR
FAMILIE
KULTUR
KONDITION

Alpine Passwanderung
Sunnbühl – Gemmipass BE/VS

START Kandersteg SBB (Bus Talstation Sunnbühl, Seilbahn auf Sunnbühl)
ZIEL Gemmipasshöhe (Seilbahn nach Leukerbad)
CHARAKTERISTIK Alpine Wanderung über die Kantonsgrenze Bern–Wallis in beeindruckender Berglandschaft. Für das ganze Jahr.
WANDERZEIT 3 h im Sommer; im Winter 1 Stunde länger
LÄNGE 9 km

Der Gemmipass war schon im Mittelalter ein bedeutender Übergang zwischen dem Berner Oberland und dem Wallis. Das Restaurant Schwarenbach liegt etwa in der Mitte und ist damit eine ideale Raststätte.

Im Winter starten wir in Sunnbühl, nachdem wir mit der Seilbahn die ersten von 700 m überwunden haben. Dank der Seilbahn ist der Gemmipass auch im Winter begehbar.
Es ist besser, die Wanderung im Februar oder sogar erst im März zu unternehmen, da der erste Teil bis Schwarenbach so nicht im Schatten liegt. Der Weg ist mit den pinkfarbenen Wanderzeichen gut markiert und wird tipptopp gepflegt. Einen grossen Vorteil hat die Nord-Süd-Variante, wenn man es liebt, die Sonne im Gesicht zu haben.
Der Daubensee ist zugefroren und erlaubt die direkte Seeüberquerung. Am südlichen Ende des Sees gibt es überdies eine Sesselbahn, die uns auf den Gemmipass führt und die ca. 100 m Höhendifferenz abnimmt. Vom Gemmipass geniessen wir eine Superaussicht in die Walliser Alpen. 1000 m tiefer liegt Leukerbad.

Hin und zurück
Mit öV ab Bern

Anreise: Mit Regionalexpress nach Kandersteg, weiter mit dem Bus bis Talstation Sunnbühl und mit der Luftseilbahn auf Sunnbühl. Reisezeit: ca. 1 h 30.

Rückreise: Von Leukerbad mit Bus bis Leuk. Weiter mit Interregio nach Visp und umsteigen in IC nach Bern. Reisezeit: 1 h 50.

Im Sommer habe ich den Abstieg durch die Gemmiwand nach Leukerbad gewagt. Der Weg wurde 1738/39 aus der steilen Wand herausgesprengt. Er ist absolut ungefährlich, da er doch ca. 2 m breit und überall gut gesichert ist. Schaut man von Leukerbad an die Wand hinauf, scheint es einem unmöglich, dass da irgendwo ein Wanderweg sein soll. Allerdings schlagen einem 1000 Höhenmeter Abstieg auch bei einem breiten Weg in die Knie… Ich genoss danach auf jeden Fall ein entspannendes Bad in der Alpentherme, bevor ich mit dem Bus zum Bahnhof Leuk hinunterfuhr.

SCHWIERIGKEIT T1
HÖHENDIFFERENZ
aufwärts 400 m;
abwärts 200 m
AUSRÜSTUNG
normale Wanderausrüstung
EINKEHREN
Restaurant Schwarenbach
Familie Peter Stoller-Wehrli
Telefon 033 675 12 72
www.schwarenbach.ch
info@schwarenbach.ch
(ab Weihnachten bis Anfang Mai sowie von Anfang Juni bis Ende Oktober offen)
JAHRESZEIT
ganzjährig
KARTEN
Landeskarte 1:50 000,
T 263 Wildstrubel
INFOS
www.schwarenbach.ch
www.leukerbad.ch

Marsch über den gefrorenen See.

Daubensee und Gemmipass in Sicht.

Stufen und Raine als Landschaftsmuster.

NATUR ■■■■
FAMILIE ■■■
KULTUR ■■■■
KONDITION ■■■

Freiburger Gastfreundschaft
Rundwanderung ab St. Ursen über den Fofenhubel FR

START St. Ursen
ZIEL St.Ursen
CHARAKTERISTIK Einfache Rundwanderung mit geringen Steigungen
WANDERZEIT 3 h
LÄNGE 12,3 km

Es ist Ende März, der Himmel ist bedeckt, als wir uns aufmachen, den Fofenhubel mit seiner grandiosen Aussicht zu besteigen. «Besteigen» ist allerdings ein grosses Wort. Der Wanderweg steigt nämlich sehr gemütlich an. Mal geht es durch lichten Buchenwald, dann wieder über offenes Feld. Die in unserem Naturkundebuch beschriebenen Gelände- und Bewirtschaftungsformen hätten wir ohne diese Erläuterungen nicht so empfunden. Mit guten Hintergrundinformationen macht das Wandern noch mehr Spass (siehe «Quelle»).

Bis 1848 hiess Sankt Ursen offiziell Enet-dem-Bach-Schrot. Der französische Name der Gemeinde lautet Saint-Ours; auf Senslerdeutsch Santùrsche. Die Sankt-Ursus-Kapelle, kurz nach Beginn der Wanderung, wurde um 1539 erbaut und 1988 letztmals umfassend restauriert. Sie besitzt eine dekorative Innenausmalung von 1606. Weiter geht es an typischen Freiburger Bauernhäusern vorbei. Nach gut einer Stunde sind wir auf dem Fofenhubel. Ein riesiges Betonkreuz, 2 kleine Bäume, ein Hundekotbehälter und eine Sitzbank befinden sich hier. Und: eine grandiose 360-Grad-Aussicht!
Wir steigen zum nahe

Hin und zurück
Mit öV ab Bern

Anreise: Mit Intercity nach Fribourg. Umsteigen auf Bus nach St. Ursen.
Reisezeit: 45 min. bis 1 h 30 (Betriebszeiten beachten. Bus fährt i.d.R. nur Mo–Fr).

Rückreise: Mit Bus nach Fribourg. Umsteigen auf IC nach Bern. Reisezeit: 45 min. bis 1 h (Betriebszeiten beachten. Bus fährt i.d.R. nur Mo–Fr). Interregio nach Zürich und weiter mit IC nach Bern. Reisezeit: ca. 2 h.

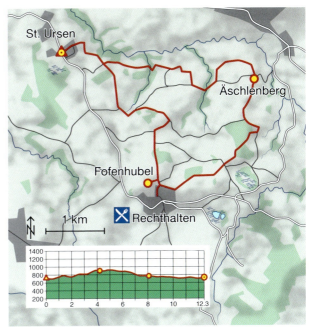

gelegenen Dorf Rechthalten ab und hoffen auf ein Restaurant. Mitten im Dorf finden wir das Restaurant «Zum brennenden Herz». Wir treten ein und stellen erst jetzt fest, dass es nur für eine geschlossene Gesellschaft geöffnet ist. Die Wirtin ist aber sehr nett und serviert uns trotzdem einen Kaffee. Wir werfen einen Blick in die Speise- und Weinkarte und beschliessen, dass wir hierher gerne wieder zurückkommen.

QUELLE Diese Wanderidee stammt aus dem Naturkundeführer «Schauen und Wandern im freiburgischen Senseland» von Bernhard Zurbriggen. Ein sehr zuverlässiges Wanderbuch mit 24 Rundwanderungen. Es bietet eine Fülle von wertvollen Informationen über Naturgeschichte, Geologie, Vegetation, Fauna und Klima dieser einzigartigen Landschaft.

SCHWIERIGKEIT T1
HÖHENDIFFERENZ
aufwärts 200 m;
abwärts 200 m
AUSRÜSTUNG
normale Wanderausrüstung
EINKEHREN
Restaurant Zum brennenden Herz, 1718 Rechthalten

Telefon 026 418 11 31
www.brennendesherz.ch
(Ruhetage Mi, Do)
JAHRESZEIT
ganzjährig
KARTEN
Landeskarten 1:50 000,
T 242 Avenches, T 252 Bulle und T 253 Gantrisch

Auf dem Fofenhubel.

WOCHE 08

Gut ausgebauter Weg im Naturschutzgebiet «Grande Cariçaie».

NATUR ■■■■□
FAMILIE ■■□□□
KULTUR ■■■□□
KONDITION ■□□□□

Zurück in die Urzeit
Yverdon–Yvonand VD

START Yverdon
ZIEL Yvonand
CHARAKTERISTIK Flache Wanderung durch ein Naturschutzgebiet
WANDERZEIT 3 h
LÄNGE 10,6 km

Ein riesiges Stahlgestänge mit unzähligen Wasserzerstäubern, die eine künstliche Wolke erzeugten, war die Attraktion während der EXPO 02 in Yverdon. Es war eine Auflage der Betriebsbewilligung, dass nach der Ausstellung alles wieder abzubrechen sei. Also findet man heute nichts mehr, das an dieses Grossereignis erinnert. Heute ist tatsächlich nur noch der umgebaute Bahnhof der ehemaligen Riesenkonstruktion sichtbar. Wir wandern dem Canal oriental entlang Richtung See. Bei Clendy stossen wir bei einer grossen offenen Waldlichtung auf Menhire. Die Menhire sind zu zwei Linien

Der Canal oriental.

von rund 50 m Länge und zu vier südlich der Reihen liegenden Gruppen geordnet. Die vermutlich prähistorische Anlage aus 0,45 m bis 4,5 m hohen Steinen wurde erst 1878 in der Folge der Juragewässer-Korrektion bei der Absenkung des Seewasserspiegels entdeckt und

Hin und zurück
Mit öV ab Bern

Anreise: Mit Regioexpress nach Neuenburg und weiter mit ICN nach Yverdon-les-Bains.
Reisezeit: ca. 1 h.

Rückreise: Von Yvonand via Freiburg (R, IC), oder via Yverdon, Neuchâtel (R, IC, RE), oder via Payerne (R, S5) nach Bern.
Reisezeit: ca. 1 h 20.

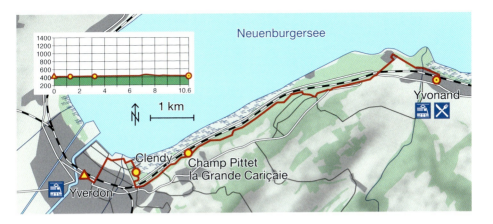

1975 wieder aufgestellt, 1986 wurde die gesamte Anlage restauriert.
Wir wandern weiter und kommen bald in das Naturschutzgebiet von «Grande Cariçaie». Ein breiter Schilfgürtel trennt uns vom See. Idealer Lebensraum für viele Tiere. Es hat viele Brücken und Holzstege, aber auch Wege durch den Sumpf. Es ist zu empfehlen, nach grösseren Regenfällen auf die Wanderung zu verzichten, da die Wege teilweise recht sumpfig sind. Ich sage das deshalb, weil wir genau das hautnah erlebt haben… Zwischendurch schalten wir selbstverständlich Pausen ein. Möglichkeiten gibt es viele. Das Mittagessen sparen wir uns bis zum Schluss auf. Im Restaurant Hôtel de Ville in Yvonand gibt es frische Filet de Perche aus dem See.

SCHWIERIGKEIT T1
HÖHENDIFFERENZ
aufwärts 30 m;
abwärts 30 m

AUSRÜSTUNG
normale Wanderausrüstung
EINKEHREN
Restaurant Hôtel de Ville
Grand'Rue 14
1462 Yvonand
Telefon 024 430 11 51

(Ruhetag ist Montag)
JAHRESZEIT
ganzjährig
KARTEN
Landeskarten 1:50 000,
T 251 Lausanne und
T 241 La Sarraz

Rundet die Wanderung ab.

Die Menhire von Clendy.

Blick auf Mettmenstetten

NATUR
FAMILIE
KULTUR
KONDITION

Artenreiches Naturschutzgebiet

Mettmenstetten – Aeugst – Türlersee – Unter-Rifferswil – Mettmenstetten ZH

START Mettmenstetten
ZIEL Mettmenstetten
CHARAKTERISTIK Wanderung zu einem idyllischen See
WANDERZEIT 3 h 30
LÄNGE 14 km

Fast genau 1 Jahr nachdem ich diese Rundwanderung unternommen hatte, las ich die folgende Meldung, welche mich erschütterte: «Ein Feuer und explodierende Gasflaschen haben auf dem Campingplatz am Türlersee im Zürcher Säuliamt 16 Verletzte gefordert; 17 Wohnwagen brannten aus. Die Löscharbeiten waren gefährlich, denn weitere Explosionen waren zu befürchten. Teile von Gasflaschen wurden über 100 Meter weit geschleudert.»

Diese Nachricht passte so gar nicht zum Bild, das wir von unserer Wanderung vom Türlersee mitnahmen. Nachdem wir festgestellt hatten, dass das Restaurant erst einen Tag später für die Sommersaison öffnen wird, assen wir auf dem Bänkli nahe dem Eingang friedlich unsere mitgebrachten Knabbereien. Wir konnten uns nicht vorstellen, dass diese friedliche Idylle jemals gestört werden könnte. Die Landschaft am Türlersee ist ein vielfältiges Natur- und Landschaftsschutzgebiet mit Naturufern, artenreichen Flach- und Hangmooren und Trockenwiesen.

Von Mettmenstetten im Knonaueramt steigen wir knapp 200 m in nordöstlicher Richtung auf und erreichen das Paradis. Dieser Name ist Programm. Man geniesst von hier oben eine fantastische Sicht bis weit hinein in die Bergwelt der Innerschweiz. Das ehemalige Kurhaus beherbergt seit längerer Zeit ein Kinderheim.

Hin und zurück

Mit öV ab Bern

Anreise: Via Zürich, Zug (IC, EC, S9), oder via Olten, Aarau, Zürich nach Mettmenstetten (IC, RE, RE, S9). Reisezeit: 1 h 45 bis 2 h 05.

Rückreise: Via Zürich (S9, IC) nach Bern. Reisezeit: ca. 1 h 40.

Am Türlersee.

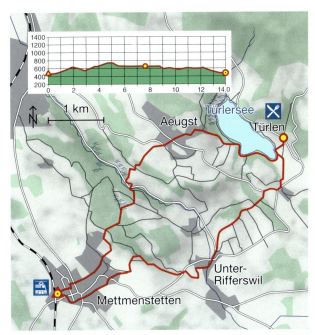

Der Weg führt eine kurze Zeit durch schönen Wald und senkt sich dann gegen ein Tobel, wo der Bach Jonen überschritten werden kann. Bald sind wir am Türlersee und wandern dem schönen Ufer entlang. Der Rückweg nach Mettmenstetten geht über ein weites Feld bei Unter-Rifferswil und Gerensteg vorbei.

SCHWIERIGKEIT T1
HÖHENDIFFERENZ
aufwärts 200 m;
abwärts 200 m
AUSRÜSTUNG
normale Wanderausrüstung
EINKEHREN
Campingplatz Türlersee
Bianca und Andreas Glättli
Telefon 044 764 03 28
glaettli@tuerlersee.ch
(Winterpause bis Ende März)
JAHRESZEIT
ganzjährig
KARTEN
Landeskarte 1:50 000,
T 225 Zürich

Im Knonaueramt.

Langer Aufstieg, fantastische Aussicht.

Im Kirschblütenland
Kaiseraugst–Liestal AG/BL

START Kaiseraugst
ZIEL Liestal
CHARAKTERISTIK Längere Wanderung, mittlere bis starke Anstiege, schöne Rundsicht
WANDERZEIT 3 h 30
LÄNGE 12,5 km

Mit dem Namen Kaiseraugst verbinde ich spontan die römische Siedlung Augusta Raurica und den Streit um ein einst dort geplantes Kernkraftwerk. Vom ersteren hat es in Kaiseraugst noch sehr viele Zeugen in Form von Ruinen und Ausgrabungsgegenständen. Die Besichtigung der spektakulären römischen Anlagen (Museum) verschiebe ich auf ein andermal, da das mindestens einen halben Tag beanspruchen würde. Ich folge also einem der vielen Wegweiser vor dem Bahnhof Kaiseraugst Richtung Liebrüti und erreiche bald den Tierpark. Die Autobahn A3 überquere ich, wandere ein kurzes Stück parallel zu dieser in Richtung Osten und biege dann

Hin und zurück
Mit öV ab Bern

Anreise: Via Basel nach Kaiseraugst (IC, S1). Reisezeit: ca. 1 h 30.

Rückreise: Von Liestal direkt nach Bern mit IC, oder über Olten (IR, IR). Reisezeit: ca. 50 min. oder 1 h.

rechts in den Wald. Vor Giebenach unterquere ich diesmal die Autobahn A2 und komme aus dem Aargau ins Baselbiet. Dann – ich bin fast darauf getreten – sehe ich etwas Gelbschwarzes mitten auf der Strasse. Beim Näherschauen ist es ein wunderbarer Feuersalamander, der hier offenbar die Wärme der Frühlingssonne geniesst.
Ich kann mich nun nicht mehr verlaufen. Die Wegweiser sind mit «Liestal» gut bezeichnet. Das Buchenlaub ist erst vor ein paar Tagen hervorgesprossen und hat diese erfrischende hellgrüne Farbe. Einverstanden, eigentlich sind Panzersperren keine

Aussichtsturm bei Liestal.

Vom Aargau ins «Baselbiet».

Augenweide, diese hier sind aber so überwachsen und von der Natur in Beschlag genommen, dass sie heute vermutlich eine wichtige Funktion für die Fauna haben.
Vom Aussichtsturm von Liestal hat man eine fantastische Rundsicht. Am Fuss des Aussichtsturms wurde ein riesiger Picknickplatz und eine Turmwirtschaft, welche aber nur an Sonn- und Feiertagen geöffnet hat, eingerichtet. Die Wanderung ist im April, in der Zeit der blühenden Kirschbäume, besonders zu empfehlen.

SCHWIERIGKEIT T1
HÖHENDIFFERENZ
aufwärts 330 m;
abwärts 330 m
AUSRÜSTUNG
normale Wanderausrüstung
EINKEHR
Picknick, oder Turmwirtschaft beim Aussichtsturm (offen nur an Sonn- und Feiertagen), oder am Schluss in Liestal
JAHRESZEIT
ganzjährig
KARTEN
Landeskarte 1:50 000,
T 214 Liestal

Feuersalamander mitten auf der Strasse.

27

Mal durch schönen Wald, dann wieder über offenes Feld.

Auf dem Jakobs-Pilgerpfad
Rüeggisberg–Schwarzenburg BE

NATUR
FAMILIE
KULTUR
KONDITION

START Rüeggisberg
ZIEL Schwarzenburg
CHARAKTERISTIK Angenehmer Pilgerweg vom Längenberg ins Schwarzenburgerland
WANDERZEIT 3 h
LÄNGE 10 km

Edi und ich sind heute auf dem Jakobsweg, und zwar auf dem Teilstück des mittelalterlichen Pilgerpfades Amsoldingen–Fribourg, welcher durch das Schwarzenburgerland führt.
Rüeggisberg liegt am Ende des Längenbergs und hat einige schöne Häuser sowie eine Kirche mit einer Uhr mit goldenen Zeigern und Ziffern. Die Ruinen ausgangs des Dorfes sind die letzten Zeugen des ehemals stattlichen Klosters Rüeggisberg, welches ein wichtiger Etappenort auf dem Weg ins ferne Santiago de Compostela war. Das 1528 protestantisch gewordene Bern machte mit den Zeugen der alten Religion kurzen Prozess: Die Einrichtungen der Katholiken wurden umgenutzt oder zerstört. Die Klosterkirche wurde zum Kornhaus und die Wohn- und Wirtschaftsgebäude der Mönche wurden abgebro-

Im Schwarzenburgerland.

Hin und zurück
Mit öV ab Bern

Anreise: Via Köniz nach Rüeggisberg Post (S6, Bus). Reisezeit: 40 min.

Rückreise: Von Schwarzenburg direkt mit der S6 nach Bern. Reisezeit: ca. 40 min.

chen. Das, was man heute von der Kirche noch sieht, macht noch 10% des ursprünglichen Volumens aus. Der Jakobsweg ist in der ganzen Schweiz mit braunen Wegweisern gut gekennzeichnet. Wir wandern auf dem alten Klosterweg – urkundlich erwähnt 1533 und

1986 wiedererstellt – zuerst dem Waldrand entlang, abwechselnd durch schattige Waldungen hinunter nach Helgisried. Berg- und Feldwege führen uns zu unserem Restaurant in Wislisau. Nach Überqueren der Schwarzwasserbrücke folgen wir ein kurzes Stück dem Fluss entlang bis zur Lindenbachholzbrücke. Wir halten uns Richtung Elisried. Auf der grossen Ebene links von uns stand während fast 60 Jahren – von 1939 bis März 1998 – eine Kurzwellen-Sendestation. Mit ihren Sendern und Antennen war sie für die Schweiz mit dem Kurzwellendienst ein Sprachrohr und mit der Radio-Telephonie und Telegraphie eine Kommunikationseinrichtung, welche der abgeschlossenen Schweiz im 2. Weltkrieg unschätzbare Dienste leistete. Neue technische Entwicklungen, wirtschaftliche Gründe, aber auch Widerstände in der Bevölkerung führten 1997 zum Beschluss, das Sendezentrum Ende März 1998 stillzulegen.

SCHWIERIGKEIT T1
HÖHENDIFFERENZ
aufwärts 250 m;
abwärts 300 m
AUSRÜSTUNG
normale Wanderausrüstung
EINKEHREN
Restaurant Lamm, Wislisau
T&D Allenbach
3154 Rüschegg
Telefon 031 738 81 37
www.wislisau.ch
info@wislisau.ch
(7 Tage offen)
JAHRESZEIT
ganzjährig
KARTEN
Landeskarte 1:50 000,
T 243 Bern

... und heute.

Das Dorf Aran, mitten in den Rebbergen über dem Genfersee.

Weltkulturerbe am Genfersee
Lutry – St-Saphorin VD

START Lutry
ZIEL St-Saphorin
CHARAKTERISTIK Genusswanderung durch Rebberge; geeignet für fast jedes Wetter, da fast nur Hartbelag
WANDERZEIT 3 h 10
LÄNGE 10,9 km

Verlässt der Zug nach Puidoux-Chexbres den Tunnel, sollte man auf der linken Seite sitzen. Der Blick über den Lac Léman und die Rebberge des Lavaux ist überwältigend. Die wunderbare Rebberglandschaft «Lavaux» zwischen Vevey und Lausanne ist seit 2007 als UNESCO-Weltkulturerbe anerkannt. Dass es vor Jahren nicht überbaut worden ist, verdanken wir dem engagierten Umwelt- und Kulturschützer Franz Weber, der sich unermüdlich für die Erhaltung dieser einst von Zisterzienser-Mönchen im 12. Jahrhundert geschaffenen Weinberg-Terrassen eingesetzt hat.

Wir fahren bis Lausanne, wechseln auf den Regionalzug und steigen in Lutry aus. Der Wanderweg ist praktisch durchgehend mit Hartbelag ausgestattet. Das ist für uns Wanderer nicht ganz ideal. Für die Weinbauern hingegen ist es unabdingbar, damit sie das ganze Jahr über die steilen Weinberge bewirtschaften können. Einen Vorteil hat es allerdings auch für uns Wanderer: Die Gegend hat auch im Winter einen sehr grossen Reiz, und die Wanderung kann deshalb auch bei Schnee unternommen werden.

Zu unserer Wanderung: Es ist Frühling und stürmisch. Die Wetterprognose sagte genau dieses Wetter voraus und es soll noch schlimmer werden. Der Weg steigt bis Châtelard leicht an. Geht dann in flacheren Stücken

Hin und zurück
Mit öV ab Bern

Anreise: Via Lausanne nach Lutry (IC, S1).
Reisezeit: ca. 1 h 30.

Rückreise: Von St-Saphorin via Lausanne nach Bern (S1, IC).
Reisezeit: ca. 1 h 40.

über Aran nach Grandvaux. Nach Grandvaux halten wir uns Richtung Riex.
Der Wind wird nun heftiger und es beginnt stark zu regnen. Bei Epesses flüchten wir in die Auberge du Vigneron. Es ist Mittag und also Zeit für gute Fische aus dem See und den Wein aus der Gegend. Es fängt nun an auch noch zu gewittern, so dass wir beschliessen, die Wanderung hier abzubrechen. Das Teilstück bis St-Saphorin wäre auch sehr schön. Wir kennen es bereits von früheren Wanderungen. In der Stammbeiz von Charly Chaplin im Restaurant de l'Onde wären wir auf jeden Fall noch eingekehrt.

SCHWIERIGKEIT T1
HÖHENDIFFERENZ
aufwärts 100 m;
abwärts 100 m
AUSRÜSTUNG
normale Wanderausrüstung
EINKEHREN
Auberge du Vigneron
Route de la Corniche

1098 Epesses
Telefon 021 799 14 19
(Ruhetag So, Mo)
Weitere Restaurants:
Auberge de l'Onde
1071 St-Saphorin
Telefon 021 925 49 00

www.aubergedelonde.ch
(Ruhetage Mo, Di)
JAHRESZEIT
ganzjährig
KARTEN
Landeskarte 1:50 000,
T 261 Lausanne

Muss man sich gönnen.

Schöne Aussichten für Fotografen und Geniesser.

Pferdeidylle in den Freibergen.

Wandern wie im Bilderbuch
Saignelégier–Etang de la Gruère–Tramelan JU/BE

START Saignelégier
ZIEL Tramelan
CHARAKTERISTIK Genussvolle Wanderung über die jurassischen Freiberge, entlang einem malerischen Moorsee, verbunden mit hervorragendem Essen
WANDERZEIT 3 h 10 (mit Seeumrundung 4 h)
LÄNGE 12 km (mit Seeumrundung 15 km)

Mit dem roten Zug der «Chemins de fer du Jura», welche das Wandergebiet der Freiberge hervorragend erschliesst, erreichen wir Saignelégier. Bei der Station Saignelégier erkennen wir als Erstes die Wanderwegweiser, die Wanderungen in alle Richtungen anzeigen.

Unser Ziel Tramelan ist mit 3 h 10 angegeben. Vorbei am Gelände und dem grossen Gebäude des Marché-Concours, gelangen wir auf den am Anfang noch geteerten Wanderweg in die schöne Juralandschaft. Der Marché-Concours findet alljährlich am zweiten Wochenende im August statt. In der offiziellen Homepage www.marcheconcours.ch wird es als «fête à vivre» angepriesen. Unsere Wanderung führt durch die typische Freibergerlandschaft. Freistehende gigantische Wettertannen auf grünen Wiesen und Trockenmäuerchen, welche die Grenzen abstecken. Fast klischeehaft sind auch die weidenden Pferde mit ihren Jungen. Im Mai waren auch der gelbe Löwenzahn und das blaue Wiesenschaumkraut in voller Blüte. Etwa auf halber Distanz, in der Nähe des Etang de la Gruère in La Theurre, befindet sich die Auberge de la Couronne. Wir sassen draussen unter den schattigen Bäumen und

Hin und zurück
Mit öV ab Bern

Anreise: Via Neuenburg, La Chaux de Fonds (RE, RE, R) oder via Biel, Délemont, Glovelier (RE, IC, S, R) nach Saignelégier. Reisezeit: 1 h 45 bis 2 h.

Rückreise: Von Tramelan via Tavannes, Sonceboz-Sombeval, Biel (R, R, R, RE) nach Bern. Reisezeit: ca. 1 h 20.

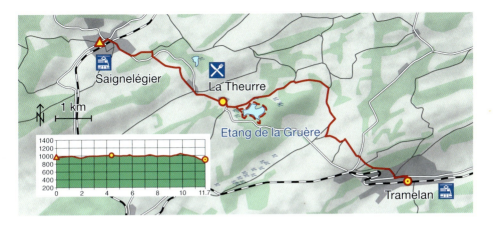

liessen uns gerne ein gutes Risotto servieren.
Die Extratour um den See lohnt sich, obwohl sich die Wanderung so um rund 45 Minuten verlängert. Der Weg wird liebevoll instand gehalten. Man wandert über weichen Moorboden, auf Holzschnitzeln, über Holzstege und auf Naturwegen. Ein wirklich schönes Erlebnis. Die sauren Moorböden bilden die Basis für eine einzigartige Pflanzenwelt. Nach diesem kleinen, aber lohnenden Abstecher kehren wir wieder auf den Wanderweg zurück, kommen an einem Haus mit Alpakas vorbei, haben noch eine kleine Steigung und offenes Gelände vor uns, bevor es dann ins bernjurassische Tramelan hinuntergeht. Kurz vor dem Ziel müssen wir etwas schneller laufen, weil ein Gewitter aufzieht. Trockenen Fusses erreichen wir die Station Tramelan, von wo uns die Bahn wieder bequem und sicher nach Biel oder nach La Chaux-de-Fonds zurück bringt. Und wer Zeit hat, schaut sich in der reformierten Kirche von Tramelan die Kirchenfenster von Bodjol an.

SCHWIERIGKEIT T1
HÖHENDIFFERENZ
aufwärts 120 m;
abwärts 120 m
AUSRÜSTUNG
normale Wanderausrüstung

EINKEHREN
Auberge de la Couronne
La Theurre
Picknickplätze unterwegs
JAHRESZEIT
Mai bis November
LITERATUR
Informationsbroschüren von Saignelégier und Jura Tourismus
KARTEN
Landeskarte 1:50 000,
T 222 Clos du Doubs
INFOS www.les-cj.ch
www.marcheconcours.ch
Tramelan,
Reformierte Kirche,
Kirchenfenster von Bodjol
www.juravitraux.ch

Rund um den Etang de la Gruère.

WOCHE 14

Im romantischen Mühlitäli.

NATUR
FAMILIE
KULTUR
KONDITION

Oltner Sonntagsausflug
Olten – Sälischlössli – Zofingen SO/AG

START Olten
ZIEL Zofingen
CHARAKTERISTIK Viel Natur und schöner Aussichtspunkt im stark überbauten Mittelland
WANDERZEIT 3 h 10
LÄNGE 11,8 km

Wenn man die Wanderung in Olten beginnt, ist das Sälischlössli zu Fuss in 1 h 10 zu erreichen. Umgekehrt von Zofingen her in etwa 2 h. Also ideal für den Mittagshalt, wenn das Restaurant geöffnet wäre.
Immer schon gab es ein Restaurant auf dem Sälischlössli. Allerdings ist dessen Geschichte der letzten 10 Jahre auf diesem wunderschönen 360-Grad-Aussichtspunkt wenig ruhmreich. Im Jahr 2000 erwarb der Starkoch Anton Mosimann das Oltner Wahrzeichen im Baurecht für rund eine halbe Million und verpflichtete sich mit einem jährlichen Baurechtszins von 70 000 bis ins Jahr 2050. Er hatte das Ziel, hier einen Gourmettempel unter neuem Namen «Château Mosimann» zu betreiben. Er investierte 3 Millionen Franken für Ausbauten. 3 Jahre später war allerdings wegen mangelnder Frequenzen bereits wieder Schluss, Mosimann verliess sein Château und verpachtete sein Restaurant. Im Jahr 2006 kaufte die Bürgergemeinde das Sälischlössli zum alten Preis zurück und erhielt Mosimanns Investitionen quasi geschenkt. Das Restaurant blieb einige Zeit geschlossen, ist heute wieder geöffnet, und auch Wanderer sind wieder herzlich willkommen. Für Genusswanderer drängt sich dieser Ort als Mittagshalt geradezu auf. Ob von Olten oder von Zofingen her.

Hin und zurück
Mit öV ab Bern

Anreise: Von Bern nach Olten direkt mit dem IC.
Reisezeit: ca. 30 min.

Rückreise: Von Zofingen nach Bern direkt mit dem IR.
Reisezeit: ca. 30 min.

Altstadt Zofingen.

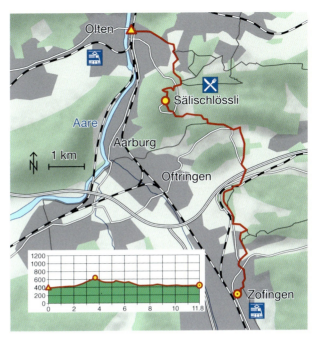

Die Wanderung selber hat keine allzu grossen Steigungen und ist für jedermann geeignet. Natürlich ist man im Mittelland und kommt somit mit der dichten Besiedlung und Verkehrswegen immer wieder in Berührung. Es zeigt aber auch die Faszination, welche wir in der Schweiz haben. Einerseits das überbaute Land und auf der andern Seite die freie Natur. Alles sehr nahe beieinander.
Ein Muss ist die Besichtigung der wunderschönen Altstadt von Zofingen.

SCHWIERIGKEIT T1
HÖHENDIFFERENZ
aufwärts 300 m;
abwärts 300 m
AUSRÜSTUNG
normale Wanderausrüstung
EINKEHREN
Restaurant Sälischlössli
die eventköche
Postfach 1612, Sälistrasse
4601 Olten
Telefon 062 295 71 71
(Ruhetage Mo, Di);
Wintermonate: Sonntags
von 9 bis 17.30 Uhr offen
JAHRESZEIT
März bis Oktober
KARTEN
Landeskarte 1:50 000,
T 224 Olten

Über weites Feld...

Sälischlössli im Nebel.

Löwenzahn in voller Blüte bei der Hochwacht.

NATUR
FAMILIE
KULTUR
KONDITION

Emmental pur
Langnau – Blapbach – Eggiwil BE

START Langnau
ZIEL Eggiwil
CHARAKTERISTIK Vom Tal der Ilfis an Bauernhöfen und Eggen vorbei ins Tal der Emme.
WANDERZEIT 3 h 40
LÄNGE 11,7 km

Es ist ein Frühlingstag, als ich diese Wanderung unternehme. Der Zug bringt uns in knapp 45 min. von Bern nach Langnau. Zuerst gehen wir ein ganz kurzes Stück der Ilfis entlang. Der Weg steigt dann ziemlich steil an. Es sind herrliche Pfade, die uns auf die Hochwacht hinaufführen. Blühende Apfelbäume und stattliche Bauernhöfe ringsum. Die Hochwacht ist ein erster Aussichtspunkt. Es gibt einige Ruhebänklein da oben, von denen aus man die Rundsicht auf die Napfkette, zum Pilatus, zur markanten Schrattenfluh bis zu den Berner Alpen geniessen kann. Es gäbe auch ein Restaurant in der Nähe. Es ist aber noch zu früh, so dass ich auf breiten Wegen bis Blapbach weiterwandere. Wir kommen beim Hegenloch vorbei. Auf der Infotafel lese ich: Der Tunnel wurde 1839/1840 durch die Bauern der Umgebung mit altem Bernpulver ausgesprengt. Einen finanziellen Beitrag leistete auch das Inselspital in Bern, das in der Nähe reichen Alpbesitz besass. Neben dem Urnerloch ist es wohl einer der ersten Tunnel der Schweiz.
Das Restaurant Blapbach ist von Langnau her in 2 h 30 erreichbar. Auf der Terrasse esse ich eine Bratwurst mit Rösti. Die typische Bergbeiz ist auch berühmt für ihre Meringues. Auf die letzte Etappe hinunter nach Eggiwil geht's mit vollem Bauch. Auch hier wieder,

Hin und zurück
Mit öV ab Bern

Anreise: Mit der S2 oder dem Regioexpress nach Langnau. Reisezeit: ca. 30 bis 40 Min.

Rückreise: Von Eggiwil Dorf via Signau (Bus, S2) nach Bern. Achtung: Betriebszeiten beachten. Reisezeit: 55 min.

wie beim Aufstieg, herrliche Ausblicke.
Von Eggiwil, mit dem unverfälschten Dorfbild, bringt mich der Bus zurück nach Signau und von dort die Bahn wieder sicher nach Bern.

SCHWIERIGKEIT T1
HÖHENDIFFERENZ
aufwärts 400 m;
abwärts 300 m
AUSRÜSTUNG
normale Wanderausrüstung
EINKEHREN
Bergrestaurant Blapbach
Familie H.&Th. Hofer
3555 Trubschachen
Telefon 034 495 51 11
www.blapbach.ch
(Ruhetag So ab 19 h, Mo)
Restaurant Hochwacht
Telefon 034 402 11 08
JAHRESZEIT
Frühling bis Spätherbst
KARTEN
Landeskarte 1:50 000,
T 234 Escholzmatt

Gotthelfs Land.

Wie immer zuverlässig.

Das Hegenloch.

Jurawanderweg am Passwang.

Auf dem «Roten Faden»
Rundwanderung Wasserfallen BL

NATUR ▪▪▪▫
FAMILIE ▪▪▪▫
KULTUR ▪▪▫▫
KONDITION ▪▪▪▫

START Reigoldswil
ZIEL Reigoldswil
CHARAKTERISTIK Schöne Rundwanderung im basellandschaftlichen Jura
WANDERZEIT: 3 h 30
LÄNGE 9,43 km

«Moskau hat den Roten Platz, die Wasserfallen den Roten Faden.» Diesen stolzen Vergleich liest man auf einer Infotafel ausserhalb der Bergstation der Luftseilbahn Wasserfallen. Der «Rote Faden» ist ein Kunstprojekt der Gelterkinder Künstlerin Ursula Pfister, mit dem allen Landpaten, die den Bau der neuen Luftseilbahn mit dem symbolischen Kauf eines Stücks Land unterstützt hatten, gedankt wird.

«Roter Faden» macht aber zudem einen Teil des Projekts «Jura 2010» sichtbar und wirft verschiedene Fragen auf. Näheres unter www.wasserfallen.ch
Es ist ein wunderschöner Maientag, als wir zu viert auf diese Rundwanderung gehen. Die neue Seilbahn bringt uns in wenigen Minuten von Reigoldswil auf die Wasserfallen. Vor dem Bergrestaurant Hintere Wasserfallen laufen wir über ein

kurzes Stück auf dem roten Asphalt des Kunstprojektes «Roter Faden». Nach dem Restaurant kommt der anstrengendste Teil der Wanderung. Es geht ca. 200 m durch schönen Jurawald und auf breiten Wegen bergan bis auf die Passwang. Herrli-

Hin und zurück
Mit öV ab Bern

Anreise: Via Liestal (IC, Bus Nr. 70) nach Reigoldswil, Fussmarsch bis zur Talstation und mit der Luftseilbahn nach Wasserfallen (Mo geschlossen). Infos auf: www.wasserfallenbahn.ch

Rückreise: Von Wasserfallen mit Luftseilbahn nach Reigoldswil und von dort via Liestal nach Bern (Bus Nr. 70, IC).

che Rundsicht bei einer kleinen Zwischenverpflegung. Nach Norden sehen wir bis zum Schwarzwald und nach Süden über schroffe Felswände bis in die Alpen. Jürg packt die beliebten Äpfel aus seinem Obstgarten aus und zerschneidet sie mundgerecht.

Wir wandern abwärts bis zur Passwangstrasse, erreichen dann wiederum nach einer mittleren Steigung das Berggasthaus Obere Wechten (früher unter dem Namen «Naturfreundehaus» bekannt). Auf der riesigen Sonnenterrasse geniessen wir ein Speck- und Käseplättli. Der Weg zurück zur Wasserfallen führt unter gewaltigen Felsen durch und ist wildromantisch. Schliesslich erreichen wir wieder den «Roten Faden» und sind wieder am Ausgangspunkt unserer erlebnisreichen Tour angelangt.

SCHWIERIGKEIT T1
HÖHENDIFFERENZ
aufwärts 400 m;
abwärts 400 m
AUSRÜSTUNG
normale Wanderausrüstung
EINKEHREN
Bergrestaurant
Obere Wechten
Telefon 062 391 20 98
www.oberewechten.ch
(Ruhetage Mo, Di ausser an Feiertagen)
Restaurant
Hintere Wasserfallen
Telefon 061 941 15 43
www.hinterewasserfallen.ch
JAHRESZEIT
April bis November
KARTEN
Landeskarte 1:50 000,
T 223 Delémont

Der «Rote Faden».

Zwischen Wasserfallen und Passwang.

Im Luzerner Hinterland.

Durch das Luzerner Hinterland
Buttisholz – Soppensee – Geiss – Ostergau – Willisau LU

START Buttisholz
ZIEL Willisau
CHARAKTERISTIK Etwas längere Wanderung in den Hügeln und Feldern des Luzerner Hinterlandes
WANDERZEIT 4 h
LÄNGE 14,7 km

Das Luzerner Hinterland ist ein ausgedehntes, aber doch noch wenig bekanntes Wandergebiet mitten im Herzen der Schweiz. Wir treffen uns in Buttisholz, da die Teilnehmer heute aus verschiedensten Richtungen anreisen. Buttisholz ist mir von einigen WK's noch in Erinnerung, und das vor allem von den nächtlichen Wachrundgängen. Vom schönen Dorf und der wunderschönen Umgebung habe ich damals nur wenig mitbekommen. Es ist ein herrlicher Frühlingstag, und wir sind 8 Personen samt einem Hund.

Die Wanderung führt zuerst über freies Feld, links in der Ferne erkennt man den Pilatus. Nach einer kurzen Walddurchquerung sehen wir den Soppensee. In älteren Landeskarten ist er auch unter dem Namen Soppisee zu finden. Wir schalten eine kleine Rast beim See ein.

Nach dem See steigt der Weg leicht an und wir sehen den See rechts nochmals aus erhöhter Lage. Wir wandern kurz durch den Galgenbergwald und sind in Geiss. Das Restaurant Ochsen ist wirklich eine Adresse, die zu empfehlen ist. Auf der Terrasse mit römischen Figuren geniessen wir die Landluft und das gute Essen.

Wir wandern weiter auf dem Pilgerweg bis zum Bahnhof Willisau. Das sehenswerte Städtchen lassen wir allerdings links lie-

Hin und zurück
Mit öV ab Bern

Anreise: Via Sursee nach Buttisholz (IR, Bus). Reisezeit: ca. 1 h.

Rückreise: Von Willisau via Wolhusen (S6, RE) oder via Langenthal (S6, IR) nach Bern. Reisezeit: ca. 1 h 30.

gen, weil wir viel zu durstig sind und schnurstracks unser wohlverdientes Bier wollen.

SCHWIERIGKEIT T1
HÖHENDIFFERENZ
aufwärts 285 m;
abwärts 290 m
AUSRÜSTUNG
normale Wanderausrüstung
EINKEHREN
Landgasthof Ochsen
6123 Geiss
Telefon 041 493 11 25
www.ochsen-geiss.ch
info@ochsen-geiss.ch
(Ruhetage Mo, Di)
JAHRESZEIT ganzjährig
KARTEN
Landeskarte 1:50 000,
T 234 Willisau

Blick vom Galgenbergwald auf den Soppensee.

Die Bahn bringt uns sicher nach Hause.

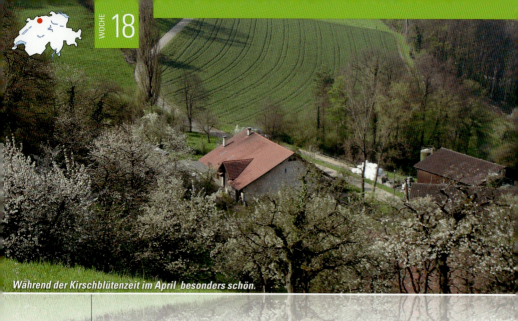

Während der Kirschblütenzeit im April besonders schön.

Wandern auf dem Tafeljura
Sissach–Läufelfingen BL

START Sissach
ZIEL Läufelfingen
CHARAKTERISTIK Wanderung über ein schönes, weites Hochplateau
WANDERZEIT 3 h 10
LÄNGE 12,7 km

Was viele nicht wissen: Durch das Homburgertal (Sissach–Läufelfingen) führte die erste Eisenbahnverbindung von Basel nach Olten und dann weiter bis ins Tessin. Durch den Bau des Hauensteintunnels 1857/58 kamen zahlreiche ausländische Ingenieure und Arbeiter ins Tal. Ein grosses Unglück in einem Tunnelschacht forderte 63 Todesopfer, weitere 20 Menschen verloren ihr Leben bei Arbeitsunfällen und durch eine Typhusepidemie. Dennoch fuhr am 1. Mai 1858 der erste bekränzte Zug durch den Tunnel nach Olten.

Unsere Wanderung führt aber nicht durch das Tal, sondern rechts davon, weit oberhalb auf eine herrlich liegende Hochebene. Wir starten im Bahnhof Sissach, nehmen bei der Unterführung den südlichen Ausgang und wandern am Hof Wölflistein vorbei auf das Hochplateau hinauf, wo es vorerst im Wald zügig vorangeht. Beim oberen Gisiberg kommen wir aus dem Wald. Vor uns liegen zwei Dörfer traumhaft schön auf der weiten Hochebene, Wittinsburg und Känerkinden. Im Frühjahr ist diese Tour besonders reizvoll, weil die für das Baselland berühmten Kirschbäu-

Leckeres Mittagessen.

Hin und zurück
Mit öV ab Bern

Anreise: Nach Sissach via Olten (IC, S3).
Reisezeit: ca. 1h

Rückreise: Von Läufelfingen via Olten nach Bern (S9, IR).
Reisezeit: ca 45 min.

me in voller Büte sind. In Wittinsburg bietet sich das Restaurant Bürgin für den Mittagshalt an.
Nach Känerkinden gilt es, noch einen kleinen Aufstieg bis zum Hasengitter zu überwinden. Von dort geht es abwärts und auch ein bisschen in die Knie. Wir erreichen die Station Läufelfingen, die sich unmittelbar beim Eingang des Hauensteintunnels befindet. Auf Infotafeln finden wir im Bahnhof interessante Beschreibungen zum einstigen Tunnelbau.

SCHWIERIGKEIT T1
HÖHENDIFFERENZ
aufwärts 400 m;
abwärts 400 m
AUSRÜSTUNG
normale Wanderausrüstung
EINKEHREN
Restaurant Bürgin
Unterdorfstrasse 12
4443 Wittinsburg
Telefon 062 299 12 41
www.buergin-wittinsburg.ch
(Ruhetag Mo)
Restaurant Bahnhof
Bahnhofstrasse 11
4448 Läufelfingen
Telefon 062 299 15 32
Restaurant Warteck
Hauptstrasse 30
4448 Läufelfingen
Telefon 062 299 11 35
JAHRESZEIT
Frühjahr bis Herbst
KARTEN
Landeskarten 1:50 000,
T 214 Liestal und
T 224 Olten

Angeregte Diskussion.

Das Land der Kirschbäume.

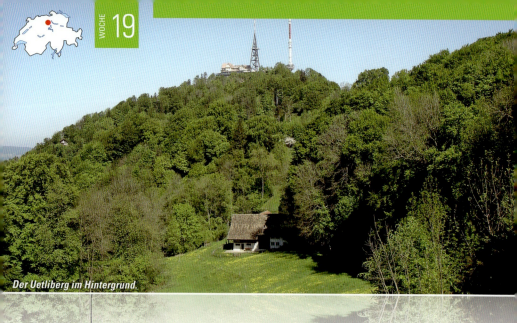

Der Uetliberg im Hintergrund.

Auf dem Zürcher Hausberg
Uetliberg – Felsenegg – Albispass ZH

START Bergstation der Uetlibergbahn
ZIEL Postautostation Albispass
CHARAKTERISTIK Genusswanderung ohne nennenswerte Steigungen mit toller Aussicht
WANDERZEIT 3 h
LÄNGE 10,5 km

Zwei Höhepunkte prägen diese Genusswanderung, einerseits der wunderbare Apéroplatz bei der Felsenegg und andererseits die Restaurantterrasse der Buchenegg. Es sind Augenblicke, die man nie vergisst und das Wanderleben so schön machen. Davor, dazwischen und danach sind wir selbstverständlich gut

3 Stunden gewandert. Reines Vergnügen auch das.
Begonnen haben wir unseren Ausflug an der Bergstation der Uetlibergbahn. Es soll Zürcher geben, die waren noch nie auf dem Zürcher Hausberg. Schade. Von hier oben hat man nämlich eine fantastische Sicht auf die Stadt und den See, bis zu den Glarner Alpen im Südosten. Uetliberg, das sind 360 Grad pur.
Wir wandern praktisch alles auf breiten Naturstrassen dem Grat entlang. In leichtem Auf und Ab erreichen wir die tiefste Einsattelung im Albisgrat, die Balderen. Das Gasthaus ist schon seit einigen Jahren geschlossen. Im Gartenrestaurant

stehen nur noch die Betonresten der Stühle und Tische. Es sieht wie auf einem Friedhof aus. Die Balderen war, bis zur Eröffnung der Aemtler Eisenbahnlinie im Jahre 1864, die kürzeste und schnellste Verbindung vom Knonaueramt nach Zürich.
Von Balderen weg steigt das Strässlein längere Zeit

Hin und zurück
Mit öV ab Bern

Anreise: Auf den Uetliberg via Zürich (IC, S10). Betriebszeiten beachten. Reisezeit: ca. 1 h 30.

Rückreise: Vom Albispass mit Bus bis Langnau-Gattikon. Von dort via Zürich nach Bern (S4, IC). Reisezeit: ca. 2 h.

In der «Gartenwirtschaft».

bergan. Wir erreichen dann, wie eingangs bereits erwähnt, den ersten Höhepunkt bei der Felsenegg. Wir geniessen im Halbschatten einen feinen Tropfen Heida Melody.
Bis zum Mittagessen im Restaurant Buchenegg ist es nicht mehr weit.
Nach dem Mittagessen geht's wieder leicht bergauf, der Weg Richtung Albispass führt nun längere Zeit durch schöne Tannenwälder bis zum Turm des Flugwetterdienstes auf 886 m und nachher abwärts zum Pass auf 791 m.

SCHWIERIGKEIT T1
HÖHENDIFFERENZ
aufwärts 250 m;
abwärts 300 m
AUSRÜSTUNG
normale Wanderausrüstung
EINKEHREN
Restaurant Buchenegg
8143 Stallikon
Telefon 044 710 73 90
www.buchenegg.ch
buchenegg@buchenegg.ch
(geöffnet täglich ab 11 h 30)
Weitere Restaurants
Panoramarestaurant
Felsenegg
Telefon 044 710 77 55
www.felsenegg.ch
Restaurant Albis
Telefon 044 713 35 05
www.albisrestaurant.ch
(Ruhetag Mo)
JAHRESZEIT
ganzjährig
KARTEN
Landeskarte 1:50 000,
T 225 Zürich

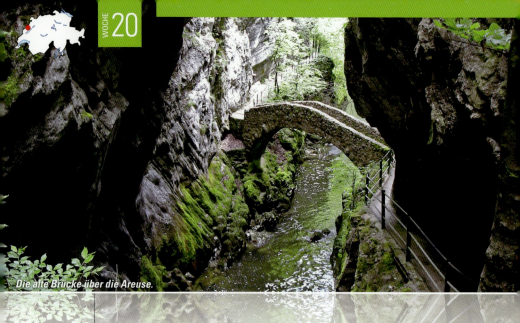

Die alte Brücke über die Areuse.

Forellen und Absinth-Pralinés
Boudry–Noiraigue, Gorge de l'Areuse NE

START Boudry
ZIEL Noiraigue
CHARAKTERISTIK Aufstieg durch eine wilde Schlucht
WANDERZEIT 3 h
LÄNGE 10,4 km

Von der Bahnstation Boudry gehen wir ganz kurz auf der Strasse Richtung Dorf. Im Café du Pont nehmen wir unseren obligatorischen Startkaffee. Etwas weiter vorne steht die mächtige, 1859 erbaute Eisenbahnbrücke.
Sobald wir die Areuse sehen, biegen wir scharf rechts ab und folgen dem Fluss, wandern unter der Eisenbahnbrücke durch und kommen zum ersten von vielen Kraftwerken. Auf einer Hinweistafel, gleich am Anfang der Schlucht, werden wir auf die Gefahren von Steinschlag, Erdrutschen und Baumstürzen aufmerksam gemacht und es wird uns in Erinnerung gerufen, dass das Begehen auf eigene Gefahr erfolge. Wir wagen es trotzdem und bereuen es nicht. Die Schlucht ist wild, aber sehr schön. Wir begehen Tunnels, überqueren verschiedene Male den Fluss, der manchmal sehr tief unten sichtbar ist, oft liegt er aber auch direkt auf Augenhöhe mit uns Wanderern.
Bei der Pont de l'Expo 02 gibt es einen grosszügigen Picknickplatz mit Bänken und Tischen. Wir schalten einen Zwischenhalt ein. Vorbei an dem zauberhaften Wasserfall «Chute de la Verrière» (5 min) kommen wir zum «Restaurant de la Truite». Wir müssen nicht lange überlegen, was wir hier wohl essen werden. Die Forellen aus der eigenen Zucht schmecken wirklich hervorragend. Schliesslich kommt noch die Brü-

Hin und zurück
Mit öV ab Bern

Anreise: Nach Boudry via Neuenburg (S5,R).
Reisezeit: ca. 1 h 10.

Rückreise: Von Noiraigue via Neuenburg nach Bern (R, RE).
Reisezeit: 1 h 15.

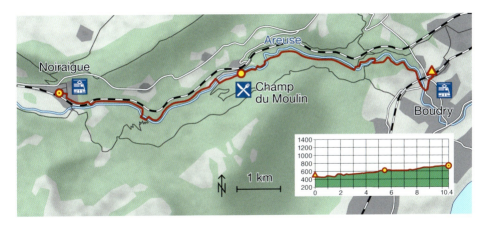

Am Ende der Schlucht.

Gut ausgebauter Wanderweg.

Spezialität: Forellen.

cke, welche auf fast jedem Foto der Gorge de l'Areuse zu sehen ist. Eine Bogenbrücke aus Stein.
Eine Wanderin in unserer Gruppe empfiehlt uns, in Noiraigue unbedingt die Confiserie F. Jacot zu besuchen. Auf dem Schild über dem Eingang steht: «Fabrication de Pralinées et Specialites en gros». Das ist noch nicht so wahnsinnig aussergewöhnlich. Speziell ist, dass wir hier im Val de Travers sind, wo der lange Zeit verbotene Schnaps Absinth eine wichtige Rolle spielt. Eine wirkliche Rarität sind die Absinth-Pralinées.

SCHWIERIGKEIT T1
HÖHENDIFFERENZ
aufwärts 310 m;
abwärts 70 m
AUSRÜSTUNG
normale Wanderausrüstung

EINKEHREN
Hôtel Restaurant «la Truite»
2149 Champ-du-Moulin
Telefon 032 855 11 34
www.la-truite.ch
info@la-truite.ch
(Januar und Februar geschlossen)
JAHRESZEIT
März bis November
KARTEN
Landeskarten 1:50 000,
T 242 Avenches und
T 241 Val de Travers

Blick vom Pfannenstiel auf den Zürichsee.

Beste Aussichten
Forch–Pfannenstiel–Männedorf ZH

START Forch
ZIEL Männedorf
CHARAKTERISTIK Wanderung zu einem schönen 360-Grad-Aussichtspunkt
WANDERZEIT 3 h
LÄNGE 11,1 km

Wenn Berner eine Wanderung planen, steht bei ihnen die Ostschweiz gedanklich nicht gerade im Vordergrund. Dabei liegt der Pfannenstiel verkehrsmässig fast vor der Haustüre. Mit dem Intercity und der Forchbahn sind wir in knapp 1 h 45 von Bern in der Forch.
Wir verlassen die Bahnstation und folgen den Wegweisern «Pfannenstiel». Links unten sehen wir den Greifensee in seiner ganzen Grösse. Bald gelangen wir in einen Wald, den wir auf guten Wegen durchqueren. Bevor wir auf der Guldener Höchi, einer hübschen Waldlichtung, sind, passieren wir Hinter- und Vorder-Guldenen. Bei Vorder-Guldenen entdecken wir einen grossen Bio-Bauernbetrieb. Die Wanderung geht Richtung Pfannenstiel–Hochwacht weiter.
Auf der Hochwacht steht ein Aussichtsturm, von dem es eine kleine Geschichte zu erzählen gibt: Der als Stahlfachwerkturm ausgeführte Pfannenstielturm wurde 1893 auf dem Bachtel errichtet und 1979 unter Denkmalschutz gestellt. Da er als Antennenträger nicht ausreichend stabil war, wurde er 1985 von der PTT abgebaut und seine Teile eingelagert. 1992 wurde er auf dem Pfannenstiel wieder neu aufgebaut. Die Aussicht vom Turm ist in alle Richtungen phänomenal. Die Rösti mit Spiegelei auf der Terrasse des Restau-

Hin und zurück
Mit öV ab Bern

Anreise: Nach Zürich mit IC. Mit Tram oder S-Bahn nach Zürich Stadelhofen. Von dort mit der Forchbahn bis Forch. Reisezeit: ca. 1 h 40.

Rückreise: Von Männedorf via Zürich nach Bern (S7, IC). Reisezeit: ca. 1 h 30.

rants Hochwacht ebenfalls. Das Dessert sparen wir uns bis zum Restaurant Vorderer Pfannenstiel. Dort geniessen wir im Schatten von Sonnenschirmen ein Dessert der gehobenen Klasse. Bis zur Bahnstation Männedorf hat man nie den Eindruck, dass man sich an einem der dichtest bebauten Hänge der Goldküste befindet. Man wandert durch die Natur eines Tobels hindurch und ist plötzlich an der Bahnstation.

SCHWIERIGKEIT T1
HÖHENDIFFERENZ
aufwärts 150 m;
abwärts 400 m
AUSRÜSTUNG
normale Wanderausrüstung
EINKEHREN
Restaurant Hochwacht und/oder Vorderer Pfannenstiel
JAHRESZEIT ganzjährig
KARTEN
Landeskarte 1:50 000,
T 226 Rapperswil

Vorderer Pfannenstiel.

Aussichtsturm Hochwacht.

Schattige, schöne Wälder.

Alpwirtschaft Alp Hubel Rippa.

NATUR	■■■■■
FAMILIE	■■■
KULTUR	■■
KONDITION	■■■■■

Im Schlund der Brecca

Riggisalp – Unt. Euschels – Breccaschlund – Schwarzsee Bad FR

START Schwarzsee
ZIEL Schwarzsee
CHARAKTERISTIK Anstrengende Wanderung mit steilem Abstieg. Auf einigen Strecken ist Trittsicherheit wichtig.
WANDERZEIT 3 h 40
LÄNGE 11,3 km

Damit die Wanderung unter 4h bleibt, nehmen wir bis Riggisalp die Sesselbahn. Dadurch ersparen wir uns den Aufstieg über rund 400 Höhenmeter. Wir folgen den braunen Wegweisern «Urlandschaft Brecca» und den gelben Wegweisern «Breccaschlund». Das tönt so unheimlich. Ob wir da verschlungen werden? Der Anfang der Wanderung sieht sehr ansprechend und einfach aus. Weite Alpweiden und Naturwege, wie es sich Wanderer wünschen. Der markante Bergspitz rechts vor uns ist die Spitzfluh (nomen est omen). Bei Untere Euschels (1442m) halten wir uns rechts Richtung Stierenberg. Blick hinunter auf den Schwarzsee. Beim Punkt 1483 geht es links auf den Bergweg, denn wir wollen ja richtig in den Schlund hinein. Links von uns türmen sich recht hohe Berge. Die Spitzfluh ist nun links von uns.
Wir wandern auf dem Bergweg an Schneefeldern vorbei, die sich links und rechts unseres Weges befinden. Der Weg ist aber noch schneefrei. Weiter vorn hat der Schnee den Bergweg noch voll im Griff. Wir diskutieren, ob wir umkehren sollen. Wir entschliessen uns, das 150 m breite Schneefeld zu überqueren. Mit der nötigen Vorsicht, kleinen Schritten und mit Wanderstockeinschlägen

Hin und zurück

Mit öV ab Bern

Anreise: Nach Schwarzsee via Fribourg (IC, Bus). Betriebszeiten beachten. Von Schwarzsee mit der Sesselbahn auf die Riggisalp. Reisezeit: ca. 1 h 30.

Rückreise: Von Schwarzsee Bad via Fribourg nach Bern (Bus, IC). Betriebszeiten beachten. Reisezeit: 1 h 30.

gelingt uns das problemlos. Es ist zu empfehlen, den Breccaschlund nicht, wie wir, Mitte Juni zu besuchen, sondern noch mind. etwa 2 Wochen zuzuwarten, um eine höhere Chance auf schneefreie Wege zu haben.
Auch die Berghütten sind Mitte Juni noch nicht ausgeflaggt, das heisst, ohne Schweizer Fahne sind sie noch nicht bewirtet. Im Kanton Freiburg darf man glauben, dass, wenn bei einer Berghütte eine Flagge aufgezogen ist, man dort auch etwas zu essen und zu trinken bekommt.
Der Abstieg nach Schwarzsee Bad ist etwas steil.

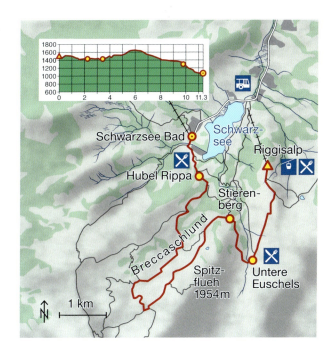

SCHWIERIGKEIT T1/T2
HÖHENDIFFERENZ
aufwärts 200 m;
abwärts 600 m
AUSRÜSTUNG
normale Wanderausrüstung
EINKEHREN
Alp Hubel Rippa
Hugo und Therese Bapst
Telefon 079 301 45 33
(offen von Mitte Mai
bis Ende September)
Alp Riggisalp
Arthur Pellet
Telefon 026 412 11 07
Bei Berghütten, wo Flaggen gehisst sind.
Weitere Einkehrmöglichkeiten siehe
www.schwarzsee.ch
JAHRESZEIT
Ende Juni bis Oktober
KARTEN
Landeskarte 1:50 000,
T 253 Gantrisch

Richtung Euschelspass.

Jetzt geht's in den Schlund.

Auf Augenhöhe mit dem Arnon

Keine Angst vor der Schlucht
Vuiteboeuf – Sainte Croix (Gorge de Covatanne) VD

START Vuiteboeuf
ZIEL Sainte Croix
CHARAKTERISTIK Wilde Schlucht und ein Museum zum Schluss
WANDERZEIT 2 h
LÄNGE 5,4 km

Wir treffen uns an einem wunderschönen Tag am Bahnhof in Vuiteboeuf etwas ausserhalb des Dorfes. Zuerst wandern wir über eine weite Ebene, vor uns der Einschnitt der Schlucht von Covattanne bis zum Dorf, wo wir im Restaurant Bären (l'ours) den Startkaffee geniessen. Wieder draussen eine grosse Überraschung, welche uns beinahe zwang, die Wanderung gar nicht antreten zu können. Die Schuhsohlen von Bernard haben sich an beiden Schuhen wie von selbst abgelöst. Wir krümmen uns vor Lachen. Zum Glück hatte Peter seine Turnschuhe dabei, und so konnte die Wanderung dann doch noch begonnen werden.
Da sich Sainte Croix auf fast 1100 m befindet, stehen vor uns also 500 Höhenmeter, die es zu überwinden gilt. Mit gemischten Gefühlen nähern wir uns der Schlucht und steigen ein. Die Furcht ist unbegründet. Der Weg ist wunderbar angelegt, stetig ansteigend und gut gesichert. Entweder läuft man direkt dem Bach entlang oder man erblickt ihn von weit oben in der Schlucht unten. Im Herbst sind die Buchen ringsum wunderbar farbig.
Verlässt man den Wald, tritt man ins Wiesland und erhält eine atemberaubende Sicht in die Ebene, wo der südwestlichste Zipfel des Neuenburgersees gerade noch erkennbar ist. Kühe liegen herum und sind mit

> **Hin und zurück**
> **Mit öV ab Bern**
> **Anreise:** Mit RE nach Neuenburg. Von dort via Yverdon les Bains nach Vuiteboeuf (ICN, R). Reisezeit: ca. 1 h 30.
> **Rückreise:** Von Sainte Croix mit dem RE nach Yverdon les Bains. Von dort via Neuenburg nach Bern (IC, RE). Reisezeit: ca. 2 h.

Die Ebene zwischen dem Bahnhof und dem Dorf Vuiteboeuf.

Im Musikdosenmuseum.

Interessierte Beobachter.

Wiederkäuen beschäftigt. Die ersten Häuser von «Chez Jaccard» tauchen auf. Zwischen hier und Sainte Croix ist keine eigentliche Grenze mehr erkennbar. Und plötzlich steht man in Sainte Croix und erkennt nicht so genau, wo das Zentrum ist.
Was in Sainte Croix auf keinen Fall ausgelassen werden sollte, ist der Besuch im Spieldosen- und Automatenmuseum CIMA. Nach einem guten Essen im Restaurant «Le Dragon» lassen wir es uns nicht nehmen, rund eine Stunde im CIMA zu verweilen und zu staunen. Man entdeckt eine aussergewöhnliche und wunderbare Welt und fühlt sich um Jahre in die Jugend zurückversetzt.

SCHWIERIGKEIT T1
HÖHENDIFFERENZ
aufwärts 500 m;
abwärts 50 m

AUSRÜSTUNG
normale Wanderausrüstung
EINKEHREN
Hotel de l'ours, Vuiteboeuf, Telefon 024 459 22 59
Diverse Restaurants in Sainte Croix
JAHRESZEIT
Frühjahr bis Herbst
KARTEN
Landeskarte 1:50 000, T 241 Val de Travers
INFOS
www.musees.ch

Auf dem Aussichtsturm Chuderhüsi.

Wandern in Gotthelfs Welt
Bowil – Chuderhüsi – Röthenbach BE

NATUR
FAMILIE
KULTUR
KONDITION

START Bowil Station SBB
ZIEL Röthenbach Station Post
CHARAKTERISTIK Durch schöne Wälder zum schönen Aussichtspunkt mit Blick ins Herz des Emmentals und auf die Alpen
WANDERZEIT 3 h
LÄNGE 8,5 km

Die Wetterprognose war alles andere als gut. Starker Regen war angesagt. Wir liessen uns nicht beeindrucken und starteten in Bowil zu dieser 3-stündigen Wanderung ins tiefe Emmental. Nach der Bahnüberquerung gelangten wir auf das weite Feld von Bowil. Die Kirche und ein Teil des Dorfes befinden sich in einiger Distanz vom Bahnhof. Bei den grossen Bauernhäusern zweigt der Weg nach links ab und folgt dann ein kurzes Stück einer Asphaltstrasse, bis wir rechts auf den Feldweg abbiegen können. Bald geht es in den Wald. Wir sind angenehm überrascht, dass die Wetterprognose überhaupt nicht recht hatte. Es wird so warm, dass wir uns sogar der Jacken entledigen können.
Beim hölzernen Aussichtsturm in der Nähe des Chuderhüsi gibt es einige interessante Informationen zu lesen: Erbaut wurde der Turm erstmals im Jahre 1998 zu Ehren des 850-Jahr-Jubiläums der Gemeinde Röthenbach. Am 23. März 2001 wurde er ein Raub der Flammen. Er wurde sofort wieder aufgebaut und konnte bereits ein Jahr später zum zweiten Mal eingeweiht werden. Das Holz stammt von den ringsum wachsenden mächtigen Weisstannen. Der Picknickplatz am Fuss des Turms eignet sich besonders gut für ein Apéro oder eine Mittagspause. Hat man die 195

Hin und zurück
Mit öV ab Bern

Anreise: Mit der S2 nach Bowil. Reisezeit: ca. 30 Min.

Rückreise: Von Röthenbach Dorf via Signau nach Bern (Bus VL, S2). Reisezeit: ca. 1 h.

Treppenstufen auf den Turm erklommen, erwartet einen ein eindrückliches Panorama, welches von den Berner Alpen bis hin zum Schwarzwald reicht. Unseren Mittagshalt legen wir im Restaurant Chuderhüsi ein.
Der Abstieg nach Röthenbach ist einfach und genussvoll. Er führt neben dem bekannten Hochzeitskirchlein Würzbrunnen vorbei. Hier spielten auch Szenen der Gotthelf-Verfilmungen (Ueli der Knecht) statt. Und kurz vor Röthenbach hatte die Wetterprognose dann doch noch recht. Es fing an zu regnen…

SCHWIERIGKEIT T1
HÖHENDIFFERENZ
aufwärts 300 m;
abwärts 400 m
AUSRÜSTUNG
normale Wanderausrüstung

EINKEHREN
Restaurant Chuderhüsi
Jakob Markus
3538 Röthenbach
Telefon 034 491 14 22
(Ruhetage Mo und Di)

JAHRESZEIT
ganzjährig
KARTEN
Landeskarten 1:50 000,
T 243 Bern und
T 244 Escholzmatt

Würzbrunnen.

Emmentaler Bauernhaus.

Endingen.

NATUR ■■■□□
FAMILIE ■■■□□
KULTUR ■■■■□
KONDITION ■■□□□

Geschichte der Schweizer Juden
Baden – Endingen AG

START Baden
ZIEL Endingen
CHARAKTERISTIK Durch Rebberge und Wälder – ohne mühsame Auf- und Abstiege
WANDERZEIT 3 h
LÄNGE 9,5 km

Tritt man in Baden auf die Terrasse vor dem Bahnhof, fällt uns Wanderern sofort auf, dass wir uns im Zentrum eines riesigen Wandergebietes befinden müssen. 16 Wegweiser zeigen nämlich auf Wanderziele in der näheren und weiteren Umgebung. Auch Endingen ist gut bezeichnet.
Wir folgen also diesem Wegweiser an die Limmat und dann durch die Rebberge auf der andern Seite hinauf dem Wald zu. Beim Hörndliplateau mit der Riesenantenne haben wir bereits den höchsten Punkt (624 m) unserer Wanderung erreicht. Es ist eine Hochebene mit wunderschönen Bänklein am Wald- und Wegrand. Die Temperatur ist angenehm warm.
Da auch die Uhr gegen Mittag geht, ist es Zeit, dass wir die Sandwiches auspacken und genüsslich einen Halt einschieben, begleitet von einem Walliser Weisswein.
Der breite Weg senkt sich nun etwa 4 km durch angenehmen Mischwald gegen Endingen. Das Dorf hat, zusammen mit dem benachbarten Lengnau, für die Schweizer Juden eine geschichtliche Bedeutung. Aus der Homepage der Gemeinde Endingen entnehmen wir: «Gemäss Beschluss der Tagsatzung der acht alten Orte im Jahre 1678 durften sich die Juden in den Surbtaler Gemeinden Endingen und Lengnau

Hin und zurück

Mit öV ab Bern

Anreise: Direkt mit dem Interregio, oder via Olten (IC, RE) nach Baden. Reisezeit: ca. 1 h 10.

Rückreise: Von Endingen via Brugg (Bus, IR) oder Baden, Olten (Bus, RE, IC) nach Bern. Betriebszeiten Bus beachten. Reisezeit: ca. 1 h oder 2 h.

niederlassen. Damit ändert sich langsam, aber stetig das Erscheinungsbild der Gemeinde. Die jüdischen und christlichen Familien lebten oft unter einem Dach. Die Synagoge aus der Mitte des 19. Jahrhunderts ist das markanteste Symbol dieser bewegten Zeit. Obwohl das Nebeneinander nicht immer einfach war, arrangierten sich Christen und Juden im täglichen Leben. In der Mitte des letzten Jahrhunderts zählte das Dorf rund 2000 Einwohner – je zur Hälfte Juden und Christen. Zum Vergleich: in der Stadt Baden lebten damals nur gerade 1500 Personen. Den jüdischen Mitbewohnern war aber nur die Ausübung einiger weniger Berufe gestattet, so zum Beispiel der Handel.
Erst im Jahre 1876 erhielten die Juden die volle Gleichberechtigung in den bürgerlichen Rechten und Ehren. Damit zogen die Familien Bollag, Bloch, Braunschweig, Dreifuss, Kohn,

Picard, Pollak und Wyler weg von Endingen in alle Welt. Einige von ihnen wurden bekannte Persönlichkeiten wie etwa Bruno Bloch, als Direktor der Dermatologischen Universitätsklinik in Zürich, der Filmregisseur William Wyler oder die ehemalige Bundesrätin Ruth Dreifuss.
Heute weisen noch die Doppeltüren der Wohnhäuser, die Synagoge und einige andere bauliche Besonderheiten in der Gemeinde auf diese bewegte Zeit hin; im Bewusstsein der Bevölkerung ist dieser Zeitabschnitt – und die entsprechenden Lehren daraus – immer noch fest verankert.»
Der Bus bringt uns wieder nach Baden oder Brugg zurück.

SCHWIERIGKEIT T1
HÖHENDIFFERENZ aufwärts 300 m; abwärts 300 m
AUSRÜSTUNG normale Wanderausrüstung
EINKEHREN Picknick unterwegs oder am Schluss in einem der Restaurants in Endingen
JAHRESZEIT ganzjährig
KARTEN Landeskarte 1:50 000, T 215 Baden

Auf dem Männlichen: Mönch, Tschuggen, Jungfrau und das weisse Silberhorn.

Oberländer Klassiker
Männlichen–Kleine Scheidegg–Wengernalp BE

START Wengen; Fussmarsch zur Talstation Männlichenbahn, Bergstation Männlichen
ZIEL Wengernalp Bahnstation
CHARAKTERISTIK Der Klassiker zwischen Männlichen und Kleiner Scheidegg
WANDERZEIT 2 h
LÄNGE 6,8 km

Irgendeinen Grund muss es ja geben, dass dieser Klassiker unter den Bergwanderern so beliebt ist. Der Weg zwischen der Bergstation Männlichen und der Kleinen Scheidegg ist breit, verläuft fast eben, geht mitten durch ein Blumenparadies und bietet eine gewaltige Aussicht auf das Dreigestirn Eiger, Mönch und Jungfrau. Wenn man es sich einrichten kann, sollte man allerdings diese Wanderung unter der Woche unternehmen. An Wochenenden hat es einfach (zu)viele Wanderer in dem Gebiet. Für das Wochenende sprechen allerdings die vielen folkloristischen Darbietungen von Jodlerklubs, Trachtengruppen auf dem Männlichen und der Kleinen Scheidegg. Die Seilbahn bringt uns von Wengen bequem auf den Männlichen. Zu Fuss könnten wir in knapp 30 Minuten und mit 120 zusätzlichen Höhenmetern noch den Gipfel erklimmen. Der 360-Grad-Blick ist hier noch um einiges imposanter als von der Bergstation aus. Starten wir nun unsere Tour, so liegt der Tschuggen unmittelbar vor uns. Wir laufen der Ostflanke dieses markanten Berges immer auf der gleichen Höhe entlang und erreichen die Honegg. Im Rotstöckli, welches wir

Hin und zurück
Mit öV ab Bern

Anreise: Nach Wengen via Interlaken und Lauterbrunnen (IC,R,R). Von Wengen mit Luftseilbahn auf Männlichen. Betriebszeiten beachten. Reisezeit: ca. 2 h.

Rückreise: Von der Wengernalp via Lauterbrunnen und Interlaken nach Bern (R,R,IC). Reisezeit: ca. 2h20.

nach einer Schlaufe um den felsigen Ausläufer des Lauberhorns erreichen, haben wir eine erste Möglichkeit, uns zu stärken. Auch das Essen im Angesicht der 4000er ist ein besonderes Erlebnis. Neben dem Restaurant ist noch eine spezielle hölzige Aussichtsplattform eingerichtet. Auf diese zu steigen lohnt sich unbedingt.
Die Kleine Scheidegg ist nun nicht mehr weit. Wanderer mischen sich hier mit Tagestouristen und Reisenden, welche aufs Jungfraujoch fahren. Aber nicht nur Menschen sind hier auf dem Bahnhofsgelände, sondern auch viele Ziegen, die man gut streicheln kann. Die Rösti-Teller im Bahnhofrestaurant sind so gross, dass eine Portion für zwei Personen genügt. Die Rösti ist allerdings so gut, dass man gerne ein wenig zu viel isst. Wir nehmen nun die Naturstrasse bis zur Wengernalp. Alternativ könnte man auf dem Wanderweg, welcher nach den Geleisen links abzweigt, ebenfalls das Ziel erreichen. Die beiden Kanadier, die uns begleiteten, waren von der Bergwelt sehr begeistert. Diese Wanderung lässt sich auch im Winter unternehmen.

SCHWIERIGKEIT T1
HÖHENDIFFERENZ
aufwärts 100 m;
abwärts 300 m
AUSRÜSTUNG
normale Wanderausrüstung

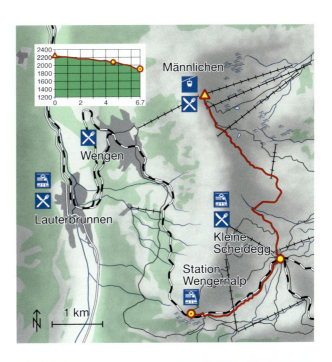

EINKEHREN
Restaurant Bahnhof Kleine Scheidegg/Röstizzeria
3823 Kleine Scheidegg
Telefon 033 828 78 28
www.bahnhof-scheidegg.ch
Restaurant Männlichen
Telefon 033 853 10 68
www.maennlichen.ch
JAHRESZEIT
Mai bis Oktober und Winterwanderung von Dezember bis März
KARTEN
Landeskarte 1:50 000,
T 254 Interlaken

Genuss pur.

Folklore am Wochenende.

Kleine Scheidegg.

«Alpwirtschaft» im Underbärgli.

NATUR
FAMILIE
KULTUR
KONDITION

In Ogis Bergwelt
Oeschinensee BE

START Bahnstation BLS Kandersteg; Fussweg zur Talstation der Seilbahn zum Oeschinensee
ZIEL Bergstation Oeschinensee: Fussweg zur Bahnstation BLS Kandersteg
CHARAKTERISTIK Im Sommer auf Bergwegen über die blumenreichen Wiesen des Heuberg und im Winter mehr oder weniger flach zu den Eisfischern am Oeschinensee
WANDERZEIT
Winter: 2 h
Sommer: 3 h 30
LÄNGE
Winter: 7 km
Sommer: 7,9 km

Die Adolf-Ogi-Strasse in Kandersteg führt vom Zentrum zur Talstation der Oeschinensee-Bahn. Die nostalgische Sesselbahn ist 2008 durch eine moderne Gondelbahn ersetzt worden. Allein der Panoramablick von der Bergstation lohnt die Fahrt. Die Wanderung zum See ist alles andere als anstrengend. Es geht immer leicht abwärts. Kurz muss man im Winter die Skipisten überqueren.
Es ist eigentlich erstaunlich, dass der See praktisch jedes Jahr mit einer so dicken Eisschicht bedeckt ist. Liegt der See doch «bloss» auf 1578 m ü. M. Betrachtet man aber die hohen Flanken der umliegenden Berge, wird einem klar, dass die kalte Luft «herunterfällt» und so das Wasser in einem Kaltluftsee gefrieren lässt.
Wie in Kanada oder im hohen Norden hat es runde

Hin und zurück
Mit öV ab Bern
Anreise: Nach Kandersteg direkt mit RE, oder via Spiez (IC,RE).
Fussmarsch ca. 10 Minuten zur Talstation der Luftseilbahn Oeschinen. Reisezeit: ca. 1 h oder ca. 1 h 30.

Rückreise: Von Bergstation Oeschinen mit Luftseilbahn zum Talgrund. Fussmarsch 10 Minuten zum Bahnhof Kandersteg. Von dort direkt (RE) oder via Spiez (RE,IC) nach Bern. Reisezeit: ca. 1 h oder 1 h 30.

Öffnungen im Eis, wo die Fischer ihr Glück versuchen. Im Restaurant Oeschinensee, einige Meter vom Ufer entfernt, hat es eine wunderbare Seeterrasse mit sensationeller Sicht auf verschiedene Hörner ringsum, welche alle höher als 3000 m sind (Doldenhorn, Fründenhorn, Oeschinenhorn und Blüemlisalphorn). Das Essen schmeckt ausgezeichnet. Um wieder zur Bergstation zurückzuwandern, nehme ich den etwas längeren, aber lohnenden Weg über Läger. Im Sommer zweigen wir etwa 1 km nach der Bergstation links Richtung Heuberg-

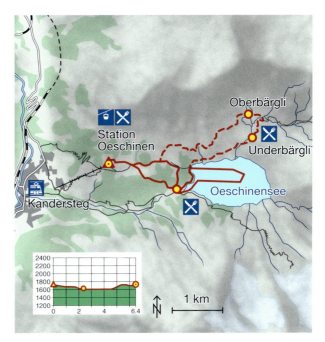

Oberbärgli ab. Der Weg steigt gemütlich an. Beim Heuberg (Blumenparadies) ist spektakulärer Aussichtspunkt. Vorne geht es steil zum tiefblauen Oeschinensee hinunter. Im Oberbärgli zweigt der Weg rechts ab. Links könnte man über das Hohtürli ins Kiental hinüberwandern. Allerdings wären das einige zusätzliche Wanderstunden. Unser Weg führt am Underbärgli vorbei, wo sich ein gemütliches Bergrestaurant befindet. Hier ist die Stimmung noch so, wie man es sich in den Bergen gewohnt ist. Kühe können frei herumlaufen. Eine kam sogar auf die Terrasse des Restaurants. Und niemand stört sich daran.

SCHWIERIGKEIT
T1 Winter
T2 Sommer
HÖHENDIFFERENZ
Winter: aufwärts 150 m; abwärts 150 m
Sommer: aufwärts 300 m;

abwärts 300 m
AUSRÜSTUNG
normale Wanderausrüstung
EINKEHREN
Restaurant Oeschinensee
(Winterwanderung)
www.oeschinensee.ch
(Von Weihnachten bis März täglich geöffnet)
Bergbeizli Underbärgli
(Sommerwanderung)
Telefon 079 764 40 76; geöffnet je nach Witterung Mitte Mai bis Mitte Oktober.
www.holiday-swiss.ch
Bergstation Oeschinenbahn
JAHRESZEIT
Winter: Mitte Dezember bis Mitte März
Sommer: Juni bis Oktober
KARTEN
Landeskarten 1:50 000,
T 264 Jungfrau und
T 263 Wildstrubel

Hind. Tschuggi auf 1860 m ü. M.

NATUR	■■■■■
FAMILIE	■■■
KULTUR	■
KONDITION	■■■■

Im Land des Adlers
Planplatten – Balmeregghorn – Engstlenalp BE

START Bergstation Planplatten
ZIEL Engstlenalp
CHARAKTERISTIK Genussvolle Bergwanderung ohne grosse Höhenunterschiede
WANDERZEIT 3 h 20
LÄNGE: 10 km

Es ist ein wunderschöner Frühsommertag Ende Juni. Tief rechts unter uns das Gental, links die teils noch mit Schneefeldern bedeckten Hänge rund um die Mägisalp und hinter uns die imposante Bergwelt der Region Grimsel und Susten. Wir sind zwischen Planplatten-Sattel und dem Balmeregghorn. Es ist ein Wanderweg, wie es sich ein Genuss-Wanderherz vorstellt.

Schmal, naturbelassen, keine allzu grossen Steigungen und tolle Aussicht. Unser Ziel, die Engstlenalp, erreichen wir in gut 3 Stunden. Nach einem kurzen Bummel durch Meiringen, erreichen wir die Talstation der Luftseilbahn nach Reuti-Mägisalp – Planplatten. Wir lösen ein Rundfahrtbillet. Die Fahrt zum Restaurant Alpen-Tower bei der Bergstation Planplatten ist in drei Sektionen unterteilt. Beim Alpen-Tower genossen wir bei Kaffee und Gipfeli die schöne Aussicht. Vor uns fliegt ein Deltasegler vorbei. Fast wie ein Adler. Übrigens Adler: Beim Eingang des Alpen-Towers sind zwei ausgestellt. Einer ist ausgestopft und war auch schon lebendiger, der andere besteht aus einer grossen Anzahl von braunen Bergkristallen.
Bis zum Sattel wandert man kurz auf einer relativ breiten Naturstrasse etwa

Hin und zurück
Mit öV ab Bern

Anreise: Nach Meiringen via Interlaken (IC, IR). Kurzer Fussmarsch durch Meiringen zur Talstation der Luftseilbahn Reuti. Fahrt mit der Luftseilbahn via Reuti und Mägisalp auf Planplatten. Reisezeit: ca. 2 h 30.

Rückreise: Von Engstlenalp via Meiringen und Interlaken nach Bern (Bus, R, IC). Betriebszeiten beachten. Reisezeit: ca. 2 h 45.

10 Minuten abwärts. Der folgende Wanderweg ist dann, wie oben bereits erwähnt, reines Wandervergnügen. Es kann noch nicht lange her sein, dass der Weg schneefrei ist. Grösstenteils ist er jetzt trocken und gut begehbar. An einer schattigen Stelle müssen wir ein grösseres Schneefeld überqueren. Mit der nötigen Vorsicht ist das aber kein Problem.
Beim Balmeregghorn haben wir bereits einen Tiefblick auf die Melchsee-Frutt. Wir könnten hier die Wanderung abbrechen und mit der Seilbahn hinunterfahren oder zu Fuss die Melchsee-Frutt in einer Stunde erreichen. Wir wandern aber weiter über weite Alpweiden Richtung Tannalp. Dort gibt es ein Restaurant, und in der Alpkäserei geniessen wir ein echtes Alpen-Joghurt zum Dessert. Der Bergweg bis zur Engstlenalp hat am Anfang etwas ruppige Stellen. Vorsicht ist also geboten. Von der Engstlenalp bringt uns das Postauto wieder sicher zurück nach Meiringen.

SCHWIERIGKEIT T2
HÖHENDIFFERENZ
aufwärts 200 m;
abwärts 500 m
AUSRÜSTUNG
normale Wanderausrüstung
EINKEHREN
Berggasthaus Tannalp
Niklaus Linder und
Anna Mätzler-Linder
6068 Melchsee-Frutt
Telefon 041 669 12 41
www.tannalp.ch
Sommersaison: Mitte Juni bis Ende Oktober.
Wintersaison: Mitte Dezember bis ungefähr 2 Wochen nach Ostern
Engstlenalp
Immer Fritz und Familie
3862 Innertkirchen
Telefon 033 975 11 61
www.engstlenalp.ch
JAHRESZEIT
Ende Juni bis Oktober
KARTEN
Landeskarte 1:50000,
T 255 Sustenpass

Gefahrlose Gratwanderung.

Melchsee.

Ein bisschen Italianita bei Biel.

Panoramawanderung
Schächentaler Höhenweg UR

NATUR ▪▪▪▪▫
FAMILIE ▪▪▪▫▫
KULTUR ▪▫▫▫▫
KONDITION ▪▪▪▫▫

START Flüelen. Seilbahn auf Eggbergen
ZIEL Brügg/Biel und zurück nach Flüelen
CHARAKTERISTIK Panoramawanderung auf der ganzen Länge auf Naturstrassen
WANDERZEIT 3 h
LÄNGE 8,1 km

Eggbergen liegt ziemlich genau 1000 m oberhalb von Flüelen über dem Urnersee und ist nur über eine Seilbahn erreichbar. Schon die Fahrt mit derselben ist ein besonderes Erlebnis. Oben angekommen gilt es bereits, eine Auswahl zu treffen, nämlich wo ich meinen Startkaffee trinken soll. Ich halte mich links, zum Restaurant Seeblick, weil ich mir den Kaffeegenuss mit einer schönen Aussicht erhoffe. Leider bin ich zu früh unterwegs. Das Restaurant hat noch geschlossen. Ich halte mich also an das nicht weniger attraktive Berggasthaus Eggbergen zur Rechten.
Der Schächentaler Höhenweg ist mit der Nr. 595 bezeichnet. Durch die verstreuten Häuser geht es auf einem Natursträsschen bergauf. Bei Angelingen zweige ich rechts ab, steige den Treppenweg hoch, komme nach Überwindung einiger Dutzend Höhenmetern zu einem Kreuz und lege den ersten kurzen Zwischenhalt ein. Bis zum nächsten steilen Aufstieg auf die Hüenderegg verläuft der Wanderweg bis dort auf breiten Pfaden durch einen lichten Wald immer gleichmässig aufwärts. Auf der Hüenderegg gibt es ein Kreuz, eine Sitzbank, eine

Hin und zurück
Mit öV ab Bern

Anreise: Nach Flüelen via Luzern (IR,IR). Mit dem Bus oder zu Fuss zur Talstation der Luftseilbahn Eggbergen. Eindrückliche Fahrt auf Eggbergen mit der Luftseilbahn. Reisezeit: ca. 2 h 45.

Rückreise: Mit der Luftseilbahn von Biel-Kinzig nach Brügg-Bürglen. Dann via Flüelen, Luzern nach Bern (Bus, IR,IR). Reisezeit: ca. 3 h 20.

Panoramatafel mit ausführlichen Beschreibungen und vor allem eine umwerfende 360-Grad-Aussicht. Tief unten im Nordwesten liegt der Vierwaldstättersee, Richtung Nordosten der gewaltige Talkessel von Selez, und im Süden schaue ich direkt in die Urner Alpen. Über einen etwas ruppigen Weg wandere ich hinunter zum Fleschseeli. An Wochenenden und während der Schulferien kann ich mir vorstellen, dass es hier nicht so ruhig ist wie heute unter der Woche.
Für das Mittagessen im Alpstubli Selez ist es um 11 Uhr noch etwas zu früh, so wandere ich bis zum Berggasthaus Biel weiter. Unterwegs komme ich bei einer seit 2006 bestehenden originellen Sirupbar vorbei. Man kann sich gegen einen freiwilligen Obolus mit Sirup bedienen und wird dazu eingeladen: «Wanderer lass dich nieder, Klemmis Sirupwasser stärkt dich wieder.»
Der «Weg 595» geht bei Biel in den Suworowweg über und bis zum Klausenpass weiter. Dieses Teilstück spare ich mir für nächsten Sommer auf.

SCHWIERIGKEIT T1
HÖHENDIFFERENZ
aufwärts 460 m;
abwärts 280 m

AUSRÜSTUNG
normale Wanderausrüstung
EINKEHREN
Berggasthaus Biel
Telefon 041 870 25 44
www.berggasthaus-biel.ch
info@berggasthaus-biel.ch
(Ruhetag Sommer:
Dienstag. Winter:
durchgehend offen)
Weitere Restaurants
Alpstubli Selez
Telefon 041 870 54 73
Alpenkiosk Fleschseeli
Telefon 079 432 19 42
www.ruogig.ch
JAHRESZEIT
Mai bis Oktober
KARTEN
Landeskarte 1:50 000,
T 246 Klausenpass

Blick von der Hüenderegg in den Talkessel von Selez.

Alphüttli in Selez.

Abstieg zur Alp Oberläger.

Im Banne des Dreigestirns
First–Bachalpsee–Hireleni–Feld–Bussalp BE

NATUR ■■■■■
FAMILIE ■■■□□
KULTUR ■□□□□
KONDITION ■■■■□

START Grindelwald (mit Seilbahn auf Grindelwald First)
ZIEL Bussalp, von dort mit Bus nach Grindelwald
CHARAKTERISTIK Eine erfrischend schöne Wanderung mit wunderschönem Panorama
WANDERZEIT 3 h

Die Aussicht von der Bergstation der Firstbahn Richtung Süden ist überwältigend. Praktisch in Griffnähe vor uns haben wir das Dreigestirn Eiger, Mönch und Jungfrau. Links das Finsteraarhorn und das Wetterhorn, und sie alle werden uns den ganzen Tag begleiten.
Wir folgen zuerst einer breiten Naturstrasse, begegnen Kuhherden, sehen viele schöne Bergblumen und bewundern immer wieder die Rundsicht. Aber auch der Blick in die Tiefe des Grindelwaldtales ist beeindruckend. Die jungen Begleiter aus Kanada in unserer Wandergruppe zücken auf jeden Fall immer wieder den Fotoapparat, weil sie ein solches Panorama in Ostkanada nicht gewohnt sind.
Beim Bachalpsee ist es Zeit für einen Picknickhalt. Zwischen Kühen und Alpblumen geniessen wir die mitgebrachten Sandwiches, Äpfel, Bananen, Dörrfrüchte und was sonst noch so alles miteingepackt wurde. Der Aufstieg zum Hireleni ist gut zu machen. Es ist zwar ein schmaler Bergweg, welcher aber ungefährlich ist. Hinter dem Hireleni liegt die Fernandez-Schutzhütte.
Auf dem Hirelenipass führt ein kleiner Bergweg dem Grat entlang Richtung Rötigipfel. Dieser Bergweg ist an vereinzelten Stellen recht

Hin und zurück
Mit öV ab Bern

Anreise: Nach Grindelwald via Interlaken (IC,R). Fussmarsch oder mit Bus zur Talstation der Gondelbahn First. Betriebszeiten beachten. Reisezeit: ca. 2 h 15.

Rückreise: Von Bussalp via Grindelwald und Interlaken nach Bern (Bus,R,IC). Betriebszeiten beachten. Reisezeit: ca. 2 h 30.

ausgesetzt und eignet sich nur für geübte und trittsichere Berggänger. Diesen Bergweg haben wir nicht gemacht.

Beim Abstieg zur Bussalp muss man sich immer bewusst sein, dass man sich auf einem Bergweg befindet. Die Strecke unmittelbar nach der Fernandez-Schutzhütte ist deshalb, obwohl etwas ruppig, als normal zu bezeichnen. Falls man vor der Bussalp bei Bonera (Pt. 2089) den steilen Abstieg vermeiden will, lohnt sich der Umweg über Oberläger, wo man bequemer auf der Naturstrasse wandert. In der Bussalp gibt es währschafte einheimische Kost, welche man bei schönem Wetter auf der Terrasse geniessen kann. Von der Bussalp fährt normalerweise jede Stunde ein öffentlicher Bus wieder zurück nach Grindelwald.

SCHWIERIGKEIT
T2
HÖHENDIFFERENZ
aufwärts 250 m;
abwärts 600 m
AUSRÜSTUNG
gute Wanderausrüstung
EINKEHREN
Zwischenverpflegung aus dem Rucksack.
Bergrestaurant Bussalp
Telefon 033 853 37 51
www.bussalp.ch
JAHRESZEIT
April bis Oktober
KARTEN
Landeskarte 1:50 000,
T 254 Interlaken

Muh! Vor der Eigernordwand.

Zum Bachalpsee.

Entlang der «Bisse de Dessous».

Suonenwanderung
Bisses de Nendaz VS

NATUR
FAMILIE
KULTUR
KONDITION

START Haute-Nendaz, station/poste
ZIEL Haute-Nendaz, station/poste
CHARAKTERISTIK Angenehme, leichte Wanderung entlang zweier Suonen. Starker Kontrast zwischen mondänem Touristenort und der Natur
WANDERZEIT 3 h 40

Steigt man nach einer kurvenreichen Fahrt von Sion auf der Terrasse von Haute-Nendaz bei der «Station Poste» aus dem Postauto, ist man überwältigt von den Auswirkungen eines wuchernden Tourismus. Riesige Häuser und eine Urbanität, die man so hoch oben nicht mehr erwarten würde.

Zum Glück ändert sich das aber rasch. Verlässt man nach ca. 300 m die Hauptstrasse und folgt dem Wanderweg Richtung Planchouet/Bisse du Milieu ist man plötzlich weg vom Rummel und läuft auf Naturwegen einem wunderschönen Wasserlauf entlang. Es ist die Bisse du Milieu. Sie fasst das Wasser auf 1440 m ü. M., ist 5 km lang und im Jahr 1700 konstruiert worden. Sie fliesst durch verschiedene Fichten- und Lärchenwälder, über Wiesen und durch Weiler. Bis zum Mittagshalt haben wir ca. 200 Höhenmeter zu bewältigen. Das ist aber keineswegs anstrengend, sondern ein Genuss, da sich diese Steigung über die ganze Länge der Bisse von 5 km gleichmässig verteilt. Bei der Kapelle von Bleusy marschieren wir ein kurzes Stück auf Asphalt. Das haben wir schnell vergessen, weil der folgende Abschnitt wieder traumhaft ist.

Hin und zurück

Mit öV ab Bern

Anreise: Nach Sion via Visp (IC,IR). Von dort mit Bus VP bis Haute-Nendaz station/poste. Reisezeit: ca. 2 h 15.

Rückreise: Von Haute-Nendaz station/poste mit Bus VP nach Sion. Von dort via Visp nach Bern (IR,IC).
Reisezeit: ca. 2 h 15.

In Planchouet gibt es zwei Restaurants. Unsere Gruppe machte Halt in der «Auberge les Bisses» und wir geniessen währschafte Walliser Käseschnitten. Auf der andern Talseite in Lavantier finden wir bei «Chez Edith» eine weitere Einkehrmöglichkeit. Und unterwegs hat es natürlich auch viele lauschige Plätze für Picknicks.

Zuhinterst im Tal fährt die Gondel Richtung Mont-Fort auf 3300 m hinauf. Von dort oben hätte man eine Rundsicht auf über 20 Viertausender, darunter das Matterhorn und der Mont Blanc. Wir folgen aber der Bisse vieux (der alten Suone) auf einer Geländestufe höher zurück nach Haute-Nendaz. Die Bisse vieux hat folgende Eckdaten: Wasserentnahme auf 1560 m ü. M.; Länge 7 km und ist vor dem Jahr 1658 konstruiert worden. Die Wanderung ist sicher auch besonders schön im Herbst, wenn sich die Nadeln der Lärchen bunt färben.

SCHWIERIGKEIT T1
HÖHENDIFFERENZ
aufwärts 250 m;
abwärts 250 m
AUSRÜSTUNG
normale Wanderausrüstung
EINKEHREN
Auberge les Bisses
Planchouet
Telefon 027 288 54 98
www.bisses.com
(Ruhetag Mi)
Restaurant Vieux Nendaz

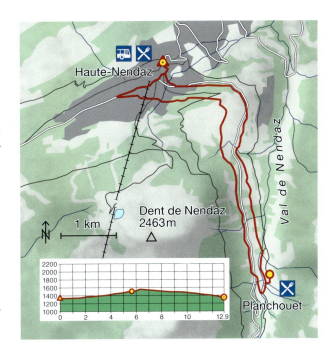

Chez Edith
Telefon 027 288 21 89
Café-Restaurant
de Planchouet
Telefon 027 288 21 63
JAHRESZEIT
April bis Oktober
KARTEN
Landeskarte 1:50 000,
T 273 Montana
INFOS
www.nendaz.ch

Die Walliser Spezialität.

Falls der nächste Winter nicht kommt.

Hoch über der Massaschlucht.

Kostbares Wasser
Massaweg VS

START Blatten
ZIEL Ried-Mörel
CHARAKTERISTIK Hinauf durch den Märchenwald und angenehm kühl durch die Schlucht
WANDERZEIT 3 h
LÄNGE 8 km

«Ein Bergbauer aus dem Wallis hat mehr mit einem Bergbauern aus Nepal gemeinsam, als mit einem Landsmann aus dem Schweizer Mittelland», liest man auf einer Infotafel bei der Gebidumbrücke. Die Bedeutung des Wassers wird einem auf dieser Wanderung an verschiedenen Stationen nähergebracht, ebenso der eindrückliche Bau der Wasserleitung (Suonen), deren Holzkänel auf abenteuerliche Weise an die hohen Felswände gehängt worden sind.
In Blatten folgen wir dem Wegweiser Ried-Mörel (Massaweg). Nach etwa 200 m zweigen wir rechts ab, überqueren einen Bach auf einer Holzbrücke und steigen in einem Märchenwald bergwärts. Der Weg senkt sich zur Gebidumbrücke. Die Massa führt wenig (Rest-)Wasser des obenliegenden Kraftwerkes.
Den eigentlichen Suonenweg erreichen wir nach «Gragg» hoch über der Massaschlucht. Immer wieder treffen wir auf Infotafeln und Ruhebänklein.

Der Wanderweg ist zwar völlig gefahrlos, übermütig werden darf man aber trotzdem nicht. Rechts von uns fliesst tief in der Schlucht die Massa.
Beim Verlassen der Schlucht öffnet sich uns ein grandioser Blick ins Rhonetal. Weit unter uns liegen Naters und Brig. Ein wunderschöner, bequemer Wanderweg

Hin und zurück
Mit öV ab Bern

Anreise: Nach Blatten Post via Brig (IC, Bus).
Reisezeit: ca. 1 h 30.

Rückreise: Von Ried-Mörel mit Gondelbahn nach Mörel. Von dort via Brig nach Bern (R, IC). Reisezeit: ca. 2 h.

entlang einer Suone und praktisch immer der Höhenkurve folgend führt uns nach Ried-Mörel. Im Restaurant Alpenblick, nicht weit von der Mittelstation, konnten wir uns zum Abschluss dieser eindrücklichen Wanderung auf eine echte Walliser Käseschnitte mit Ei und Schinken freuen.

Blick auf Brig.

SCHWIERIGKEIT T1
HÖHENDIFFERENZ
aufwärts 250 m;
abwärts 300 m
AUSRÜSTUNG
normale Wanderausrüstung
EINKEHREN
Restaurant Alpenblick
René und Ruth Kummer
3986 Ried-Mörel
Telefon 027 927 12 44
JAHRESZEIT
Mai bis Oktober
KARTEN
Landeskarten 1:50 000,
T 264 Jungfrau und
T 274 Visp

Blatten.

Suonenkonstruktion.

Blick aus dem Saasertal auf den Alphubel.

Im alpinen Blumengarten
Höhenweg Kreuzboden–Saas Almagell VS

START Bergstation Kreuzboden
ZIEL Saas Almagell
CHARAKTERISTIK Etwas anstrengende, aber lohnende Panoramatour in herrlicher Alpenflora
WANDERZEIT 3 h 50
LÄNGE 9,4 km

Ein Verwandter aus Australien hat sich bereits 2 Monate vor der Wanderung angemeldet und geschrieben, dass er am 22. Juli 2010 pünktlich um 7 h 25 mit seiner Frau am Treffpunkt in Bern sei. Und so war es auch. 2 Stunden später waren wir bereits an der Bergstation Kreuzboden/Saas Grund angelangt.
Von Kreuzboden bis Almagelleralp, wo wir das Mittagessen planen, zeigt der Wanderwegweiser eine Zeit von 2 h 45 an. Im Wallis ist es ratsam, immer noch etwas dazu zu zählen, und so rechnen wir mit 3 h.
Der Weg steigt am Anfang leicht an. Vor uns im Hang zeichnet sich der weitere Weg ab, und wir denken, dass das eher ein Wanderweg denn ein Bergweg sei. Das änderte sich dann aber schlagartig. Anfangs sind die Steinplatten noch einigermassen gut der Schrittlänge und -höhe angepasst. Je weiter wir aber wandern, werden die Tritte immer höher und die Spalten dazwischen breiter. Man braucht nun fast die Geschicklichkeit eines Steinbocks, um den Weg zu meistern. Zum Glück ist dieses ruppige Wegstück nicht allzu lang. Die folgende Alpenpromenade ist schliesslich reinstes Vergnügen. Rechts von uns die majestätischen Walliser Alpen und links am Hang schönste Alpenblu-

Hin und zurück
Mit öV ab Bern

Anreise: Nach Saas Grund via Visp (IC, Bus). Von Saas Grund mit der Gondelbahn auf Kreuzboden. Betriebszeiten beachten. Reisezeit: ca. 2 h.

Rückreise: Von Saas Almagell nach Saas Grund Post mit dem Bus. Von dort via Visp nach Bern (Bus, IC). Reisezeit: ca. 2 h.

Almagelleralp.

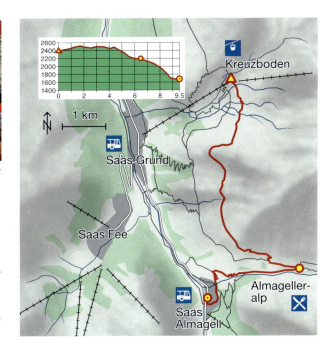

men. Ein riesiges Feld voller Hauswurz. Die Blumen sind auf Tafeln vorbildlich dokumentiert und erklärt. Vor uns sehen wir in der Ferne die Staumauer des Mattmarkstausees.
Die Almagelleralp sehen wir schon recht früh. Allerdings sind, bis wir dort sind, noch einige Zick-Zack-Kurven hinunter zu laufen. Das Mittagessen draussen auf der Terrasse schmeckt uns. Vor allem auch die Serviceangestellten in echten Walliser Trachten sind eine Augenweide.
Bis Saas Almagell geht es nach der Mittagsrast noch recht steil hinunter.

SCHWIERIGKEIT T1/T2
HÖHENDIFFERENZ
aufwärts 200 m;
abwärts 800 m
AUSRÜSTUNG normale Wanderausrüstung
EINKEHREN
Berghotel Almagelleralp
3905 Saas Almagell
Telefon 078 644 57 97
www.almagelleralp.ch
jonasa@gmx.ch
JAHRESZEIT
Juni bis Oktober
KARTEN Landeskarte
1:50 000, T 284 Mischabel

Feld voller Hauswurz.

Hinunter zur Almagelleralp.

Tief unter uns die Leventina.

NATUR
FAMILIE
KULTUR
KONDITION

Abstecher in die Tessiner Alpen
Rundwanderung Ritomsee TI

START Von Airolo mit Postauto zur Talstation Ritombahn
ZIEL Bergstation Ritombahn
CHARAKTERISTIK Uferweg mit geringen Steigungen und schöner Flora
WANDERZEIT 3 h
LÄNGE 10 km

Heute heisst es früh aufstehen! Wir steigen um 6 Uhr in Bern in den Zug und sind nach knapp 3 Stunden in Piotta an der Talstation der steilsten Standseilbahn Europas. Wir freuen uns auf die Fahrt mit einer Neigung von bis 87,5 Prozent. Tatsächlich kommen wir uns vor, als führen wir in einem Lift. Eine Kuriosität gibt es: Die Geleise für den Materialtransport des Elektrizitätswerkes der SBB queren im rechten Winkel die Autobahn. Bei grossen Materialtransporten wird kurzerhand die Autobahn für einen Moment gesperrt.
Am Ende der Staumauer Diga Ritom, die wir ab der Bergstation in knapp einer halben Stunde erreichen, startet unsere Naturlehrpfad-Wanderung. Der Wanderweg schlängelt sich in sanftem Auf und Ab stets dem linken Seeufer entlang. Der Naturlehrpfad ist neu angelegt und auf älteren Landeskarten (noch) nicht eingezeichnet.
Es ist eine karge Berglandschaft, in welche dieser schöne Stausee eingebettet ist. Am Ende des Sees steigen wir nach Cadagno di Fiori empor. In der Canvetta del Carlo «Ristorante Canvetto del Carletto» essen wir typisch tessinerisch Brasato mit Polenta.
Das Ökosystem des Lago di Cadagno ist sowohl in der Schweiz als auch in

Hin und zurück
Mit öV ab Bern

Anreise: Nach Airolo via Luzern (IR,IR), von Airolo bis Talstation Piotta mit Bus. Fahrt mit der Standseilbahn bis Bergstation. Reisezeit: ca. 4 h.

Rückreise: Mit der Standseilbahn nach Piotta. Von Piotta via Airolo und Luzern nach Bern (Bus,IR,IR). Reisezeit: ca. 4 h.

Europa ein Unikum und wird im «Centro di biologia alpina di Piora» (Forschungszentrum für Alpine Biologie), welcher sich in der Nähe des Sees befindet, untersucht. Das untersuchte Phänomen heisst Meromix und bedeutet, dass die saisonale Durchmischung verschiedener Wasserschichten fehlt.
Wir wandern über Fontanella weiter ziemlich steil aufwärts zu den Punkten 2050 und 2068 und schliesslich wieder bergab nach Piora zurück.

VARIANTE Wer nach dem Mittagessen nicht mehr so viel wandern möchte, kann auf der Naturstrasse der rechten Seeseite entlang bequem bis zum Ausgangspunkt der Wanderung zurückwandern.

SCHWIERIGKEIT T1
HÖHENDIFFERENZ
aufwärts 100 m;
abwärts 100 m
AUSRÜSTUNG
normale Wanderausrüstung
EINKEHREN
Ristorante Canvetto
del Carletto
Cadagno di Fiori
Telefon 091 868 16 47
JAHRESZEIT
Ende Mai bis Oktober
KARTEN
Landeskarte 1:50000,
T 266 Valle Leventina

Ritomsee.

Steilste Standseilbahn Europas.

Ausblick über den Aletschgletscher zum Konkordiaplatz.

Wo ist der Märjelensee?
Bettmerhorn–Fiescheralp VS

NATUR
FAMILIE
KULTUR
KONDITION

START Bettmerhorn Bergstation
ZIEL Fiescheralp
CHARAKTERISTIK Bergwanderung mit grandiosen Ausblicken
WANDERZEIT 3 h 30
LÄNGE 9,1 km

Die Wetterprognose für das Wallis wäre gegenüber der übrigen Schweiz eigentlich nicht schlecht. Auf der Bettmeralp (2000 m) sind wir allerdings immer noch so stark im Nebel, dass wir selbst die berühmte Kapelle, 50 Meter vom Wegrand entfernt, nicht erkennen können. Wir glauben schon bald nicht mehr an eine sonnige Wanderung, als etwa 50 Meter unter der Bergstation der Gondelbahn der Nebel aufreisst und wir im Sonnenlicht aussteigen können.
Der erste Blick auf den gewaltigen Aletschgletscher geniessen wir vom Aussichtspunkt, wo sich auch die Webcam befindet. Die Masse des grössten Alpengletschers sind beeindruckend: 23 km lang, 1800 m breit und über 800 m tief (Mächtigkeit). Aber auch dieser Gletscher wird Jahr für Jahr kleiner. Ich mag mich gut erinnern an eine Schulreise vor mehr als 50 Jahren, als wir beim Märjelensee vorbeikamen. Damals war der Gletscher noch so gross, dass sich der See hinter dem Eis aufstaute und riesige Eisbrocken im See schwammen. Heute sehen wir vom Märjelensee in seiner ursprünglichen Form nichts mehr. Er hat sich auf ein kleines Seelein verkleinert, dessen Umgebung voller Wollgras, aber auch heute noch seinen Reiz hat.

Hin und zurück
Mit öV ab Bern
Anreise: Nach Bettmeralp via Brig und Betten (IC, R). Von Bettmeralp mit Luftseilbahn auf das Bettmerhorn.
Reisezeit: ca. 2 h 30.
Rückreise: Von Fiescheralp mit Luftseilbahn nach Fiesch. Von dort via Brig nach Bern (R, IC).
Reisezeit: ca. 2 h 30.

Vom Aussichtspunkt verläuft der Bergweg Richtung Rote Chumme (2369 m) stets auf einem recht komfortablem Weg abwärts. Ein paar hundert Meter werden der Bezeichnung Bergweg allerdings mehr als gerecht. Es braucht auf dieser Strecke ein wenig Trittsicherheit. Etwa ein Kilometer Bergweg nach der Roten Chumme sehen wir den Märjelensee bzw. das, was von ihm übriggeblieben ist. Im kleinen Restaurant

Steinplatten gegen Mäuse.

Gletscherstube verpflegen wir uns notgedrungen nur mit Suppe und Kuchen, weil eine grosse Gruppe vor uns die ganze Menükarte leer gegessen hat. Der 1000 m lange Tälligrattunnel, 1859 als Wasserentlastungsstollen gebaut, dient heute als Abkürzung für Wanderer zur Alp «Obers Tälli». Er ist beleuchtet. Übrigens: Den ganzen Tag über wanderten wir bei schönstem Wetter.

SCHWIERIGKEIT T2
HÖHENDIFFERENZ
aufwärts 150 m;
abwärts 400 m

AUSRÜSTUNG
normale Wanderausrüstung
EINKEHREN
Gletscherstube
Telefon Hütte
027 971 47 83
Telefon Auskunft
027 928 41 41
www.gletscherstube.ch

aletsch@gletscherstube.ch
(Geöffnet Anfang Juli bis Mitte Oktober)
JAHRESZEIT
Juni bis Oktober
KARTEN
Landeskarte 1:50 000,
T 264 Jungfrau

Wanderweg im Tunnel.

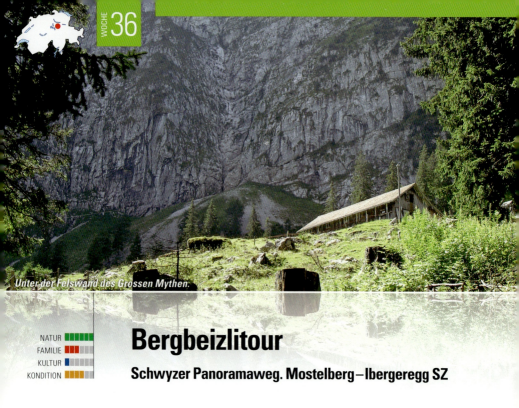

Unter der Felswand des Grossen Mythen.

NATUR
FAMILIE
KULTUR
KONDITION

Bergbeizlitour

Schwyzer Panoramaweg. Mostelberg – Ibergeregg SZ

START Mostelberg
ZIEL Ibergeregg
CHARAKTERISTIK Genusswanderung, grösstenteils auf Naturwegen mit schönen Ausblicken
WANDERZEIT 3 h 30
LÄNGE 12,4 km

Es gibt mehrere Gründe, warum ich diese Wanderung empfehle: Da ist mal die schöne Aussicht, dann führt fast die gesamte Strecke über Naturstrassen, es hat zudem keine grossen Steigungen, dafür viele Berggasthäuser an der Strecke.
Grosse Drehgondeln sind in den Alpen ja nichts Aussergewöhnliches mehr. Von Sattel auf Hochstuckli besteht, nach Aussagen des Bahnbetreibers allerdings, die weltweit erste Drehgondelbahn «Stuckli Rondo». Die 8er-Gondeln wurden nach dem 4-Jahreszeiten-Konzept mit den Farben Grün (Frühling), Gelb (Sommer), Rot (Herbst) und Blau (Winter) bemalt.
Von der Talstation in Sattel sind wir in 8 Minuten auf dem Mostelberg, wo unsere Wanderung beginnt. Links hinter uns sehen wir einen Teil des Aegerisees. Bei der Engelstockweid (1149 m) gehen wir den Weg rechts um den Engelstock via Mostelegg, so bietet sich uns die schönere Aussicht ins Tal. Bis Haggenegg folgen wir dem Kreuzweg. Beim Restaurant Haggenegg gibt es viele Veloständer, ein Zeichen dafür, dass das Gebiet rund um die Mythen auch ein herrliches Bikeparadies ist. Die schroffe Bergwand

Hin und zurück

Mit öV ab Bern

Anreise: Nach Biberbrugg via Zürich und Wädenswil (IC, S2, S13). Weiter mit Bus Nr. 7 nach Sattel. Von dort mit der Gondelbahn nach Mostelberg. Betriebszeiten beachten.
Reisezeit: 2 h 20.

Rückreise: Von Ibergeregg-Passhöhe mit dem Bus nach Schwyz Bahnhof (Bus 5, Bus 1 oder 7). Von dort via Luzern nach Bern (S3, IR).
Reisezeit: ca. 2 h 45.

des Kleinen Mythen liegt jetzt direkt vor uns. Etwas weiter blicken wir links nach Brunni und Richtung Einsiedeln hinunter.
Bei der urchigen Bergbeiz «Zwüschet Mythen» legen wir den Mittagshalt mit Brot, Chäs und Wurst ein. Nach dem Essen steigen wir auf einem Bergweg bis zur Holzegg hinauf, wo wir uns am Fusse des Grossen Mythen befinden. Bis zur Ibergeregg haben wir von hier aus nur noch etwa eine Stunde zu wandern, und der Weg ist auch nicht mehr anstrengend. Falls wir noch den Aussichtspunkt bei der Rothenfluh besteigen möchten, sind etwa 100 Höhenmeter zusätzlich zu überwinden und die Wanderung verlängert sich um gut 45 Minuten.

SCHWIERIGKEIT T1
HÖHENDIFFERENZ
aufwärts 350 m;
abwärts 100 m
AUSRÜSTUNG
normale Wanderausrüstung

EINKEHREN
Alpwirtschaft
Zwüschet Mythen
Berggasthof Mostelberg
Fam. B. und M. Krienbühl
Telefon 041 835 11 78
Berggasthaus Holzegg
Familie Fritsche
8849 Alpthal
Berggasthaus Haggenegg

Familie Niederberger-Suter
6430 Schwyz
Telefon 041 811 17 74
Hotel Passhöhe Ibergeregg
Telefon 041 811 20 49
JAHRESZEIT
Mai bis Oktober
KARTEN
Landeskarte 1:50000,
T 236 Lachen

Erste Drehgondelbahn.

Restaurant Haggenegg.

Ausprobieren: Métairie de Prêles.

WOCHE 37

NATUR ■■■■
FAMILIE ■■■
KULTUR ■
KONDITION ■■■

In der Ferne glitzert die Alpenkette
Chasseral – Les Prés-d'Orvin BE

START Hotel Chasseral
ZIEL Busstation Les Prés-d'Orvin (Station Le Grillon)
CHARAKTERISTIK Genussvolle Wanderung über schöne Juraweiden und an mehreren Métairies/Bergwirtschaften vorbei
WANDERZEIT 3 h 15
LÄNGE 12,2 km

Wegen des nur während der Sommersaison gültigen Fahrplans des Busses von St-Imier auf den Chasseral, lässt sich diese Wanderung nur von Juni bis Mitte Oktober unternehmen. Schon die Busfahrt aus dem St.-Immer-Tal auf den Chasseral ist ein Erlebnis. Man ist überrascht von den grossen weiten Flächen, die hinter dem Chasseral liegen – vom Mittelland her sieht man ja bloss den Grat mit dem markanten Sendeturm. Als Erstes folgen wir dem breiten Asphaltweg Richtung Sendeturm der Swisscom. Er dominiert den Hügelzug des Chasserals und ist bereits ab Solothurn oder Bern sichtbar. Er ist 120 m hoch und wurde 1983 errichtet.
Unmittelbar nach dem Sendeturm ist ein kurzer, etwas ruppiger Abstieg über Kalksteine zu meistern; da der Weg auch von Bikern befahren wird, muten auch wir Wanderer uns demselben zu. Was danach kommt, ist reiner Wandergenuss auf Natur- und Wiesenwegen.

Typische grössere Jurakalkfelsen säumen den Weg. Blickt man gegen Nordwesten, so erkennt man die Windräder des Windkraftparks Mont Crosin. Dort, wo sich das Sonnenlicht auf einer grösseren Fläche reflektiert, steht die grosse Photovoltaikanlage der

Hin und zurück
Mit öV ab Bern

Anreise: Nach St-Imier via Biel (RE, RE). Weiter mit dem Bus 93 nach Chasseral Hôtel. Betriebszeiten beachten.
Reisezeit: ca. 1 h 45.
Rückreise: Von Les Prés-d'Orvin Le Grillon mit Bus 70/71 nach Biel/Bienne. Von dort direkt nach Bern mit dem RE.
Reisezeit: 1 h 30.

BKW auf dem Mont Soleil – ein treffender Name. Inzwischen soll es ja Pläne geben, auch auf dem Chasseral eine grössere Windkraftanlage zu errichten. Die Abzweigungen zu den Métairien kann man fast nicht übersehen. Auf den freien Wiesen sind allerdings keine Markierungen angebracht, was bei Nebel schon einige Vorsicht verlangt.
Von der ersten Bergwirtschaft «Milieu du Bienne» wissen wir, dass es dort sehr gute Rösti geben soll. Wir freuen uns also bereits auf dem Weg dorthin. Dann die Überraschung: «Heute Ruhetag». Die Lösung war dann einfach und überraschend. Die Bäuerin und Wirtin sah uns enttäuscht vor der Türe stehen und zeigte Erbarmen. Sie öffnete ausnahmsweise die Türe, und so konnten wir ihre Hausspezialität mit Schinken draussen auf der Terrasse geniessen – am Ruhetag.

Weite Juraweiden.

Den Abschluss mit einem Dessert verschoben wir in die folgende «Métairie de Prêles».
Die Abfahrtszeiten des öffentlichen Verkehrs sind so angepasst, dass man in Les Prés-d'Orvin auch mit ausgedehnten Halten in den Métairies den letzten Bus problemlos erreicht.

In der «Milieu du Bienne».

SCHWIERIGKEIT T2
HÖHENDIFFERENZ
aufwärts 100 m;
abwärts 600 m
AUSRÜSTUNG
normale Wanderausrüstung
EINKEHREN
Métairie du Milieu du Bienne
Métairie de Prêles

JAHRESZEIT
Ende Mai bis Mitte Oktober (Busverbindungen von St-Imier auf den Chasseral!)
KARTEN
Landeskarte 1:50 000,
T 232 Vallon de St-Imier
INFOS
www.jurabernois.ch

Ausflugsziel im Zürcher Oberland.

Das Hörnli im Mittelpunkt
Rundwanderung Bauma–Heiletsegg–Hörnli–Gfell–Bauma ZH

START Bauma
ZIEL Bauma
CHARAKTERISTIK Wanderung mit mittleren bis starken Auf- und Abstiegen
WANDERZEIT 4 h
LÄNGE 9,45 km

Auf der Homepage des Bergrestaurants Hörnli findet man eine grosse Anzahl von Routenvorschlägen des Wandergebiets rund um das Hörnli.
Ich wählte die Route Bauma–Heiletsegg–Hörnli–Gfell–Bauma.
So wird der Weg beschrieben: «Von Bauma (640 m) geht's entlang der Bahnlinie nach Tüfenbach und dann hinauf am bewaldeten Kamm nach Heiletsegg (910 m). Über das Chlihörnli erreichen wir das Hörnli Kulm (1133 m) mit PTT-Mast und Berggasthaus. Nach wohlverdienter Rast gelangen wir hinunter nach Gfell (903 m) und via Tüfenbach retour nach Bauma.»
Bis zum Berggasthaus folgte ich genau dem beschriebenen Weg. Die Bahnlinie ist rechts und die nach einem heissen Sommer total ausgetrocknete Töss auf der linken Seite. Von Tüfenbach bis Heiletsegg gilt es mal die ersten 300 m zu überwinden. Bis zum Hörnli sind es nochmals knappe 200 m oder 45 Minuten. Es ist Herbst, und die Buchenbäume sind wunderbar farbig. Das Hochsteigen fällt auch deshalb sehr leicht, weil ich mich an der Natur und der Aussicht erfreuen kann.
Nach dem Mittagessen im Berggasthaus habe ich noch Lust auf eine Zusatzschlaufe nach Süden und

Hin und zurück
Mit öV ab Bern

Anreise: Nach Zürich und von dort via Rüti nach Bauma (IC, S15, S26), via Pfäffikon (IC, S3, Bus) oder via Winterthur (IC, S26). Reisezeit: ca. 2 h 15.

Rückreise: Nach Zürich via Rüti (S26, S15), oder Pfäffikon (Bus, S3) oder nach Winterthur (S26). Von Zürich und Winterthur direkt mit IC nach Bern. Reisezeit: ca. 2 h 15.

gelange so via Tanzplatz, Silberbühl nach Gfell. Ich könnte hier bereits den Bus nach Bauma nehmen oder die Wanderung um eine gute Stunde verlängern und durch eine romantische Schlucht bis nach Tüfenbach auf die Talsohle zurück wandern. Zwischen Töss und Bahn, diesmal die Bahn links, erreicht man nach 30 Minuten die Bahnstation Bauma. Ohne Zusatzschlaufe und mit direktem Abstieg nach Gfell reduziert sich die Wanderzeit um gut eine Stunde.

SCHWIERIGKEIT T1/T2
HÖHENDIFFERENZ
aufwärts 500 m;
abwärts 500 m
AUSRÜSTUNG
normale Wanderausrüstung
EINKEHREN
Berggasthaus Hörnli
Hansruedi Häne
8496 Steg
Telefon 055 245 12 02
www.berggasthaus-hoernli.ch
info@berggasthaus-hoernli.ch
(ganzjährig geöffnet)
JAHRESZEIT
Frühjahr bis Herbst
KARTEN
Landeskarte 1:50 000,
T 226 Rapperswil

Romantische Schlucht.

Die Heiletsegg.

Attraktiver Wanderweg durch die Jaunbachschlucht.

WOCHE 39

NATUR ■■■■□
FAMILIE ■■■□□
KULTUR ■□□□□
KONDITION ■■■□□

Durch die wilde Jaunbachschlucht
Charmey – Jaunbachschlucht – Broc – (Gruyères) FR

START Charmey
ZIEL Gruyères
CHARAKTERISTIK Einfache Wanderung grösstenteils auf Naturwegen mit mittleren Steigungen und durch eine spektakuläre Schlucht
WANDERZEIT 3 h 50
LÄNGE 10,8 km

Von der Hauptstrasse weg folgen wir dem Wegweiser «Tour de presqu'île» und «Tour du lac». Schon bald sehen wir links unten den Stausee, der je nach Jahreszeit mehr oder weniger gefüllt ist. Beim ersten Wegweiser folgen wir den beiden oben erwähnten Wegweisern und nicht dem andern, der links abzweigt und ebenfalls «Tour du lac» anzeigt. Unser Weg führt nun alles dem Seeufer des Lac de Montsalvens entlang. Nach einigen hundert Metern kommen wir zur Halbinsel.

Wir könnten links abzweigen und eine Zusatzschlaufe wandern, verzichten aber darauf und nehmen stattdessen den direkten Weg über die Hängebrücke. Es ist der Nachteil eines Stausees, wenn er nicht voll gefüllt ist, dass er seine hässlichen, unnatürlichen Uferpartien zeigt. Wir sind erleichtert, als wir feststellen, dass bei der Staumauer nicht die waghalsig anmutenden Treppen, die man schon von weitem sieht, in die Jaunbachschlucht führen, sondern ein zwar steil abfallender, aber normaler Wanderweg, der um die Gebäude herumführt. Die Treppen dienen lediglich als Dienst- und Unterhaltsstege für das Kraftwerk.

Die Jaunbachschlucht ist an Wildheit kaum zu übertref-

Hin und zurück
Mit öV ab Bern

Anreise: Nach Fribourg (IC). Von dort direkt mit dem Bus oder via Bulle (Bus 1025, Bus 1123) nach Charmey.
Reisezeit: 1 h 15 oder 1 h 40.

Rückreise: Von Gruyères via Bulle und Fribourg (R,Bus,IC) oder via Palézieux (R,IR) nach Bern.
Reisezeit: ca. 1 h 30 oder 2 h.

fen. Da sind Tunnels, riesige Felsbrocken im Flussbett, Hangabbrüche und immer wieder kleine Wasserfälle. Man wandert über Holzstege und Brücken.
Broc und die Schokoladenfabrik lassen wir rechts liegen und wandern stattdessen in Richtung Gruyères. Bei der «Chappelle des Marches» gibt es neben der Kapelle auch ein Restaurant. Das Städtchen Gruyères ist in der Ferne zu erkennen. Ein kurzes Stück der Saane entlang, über eine Holzbrücke und wir sind am Hügel von Gruyères. Da wir das Städtchen von früheren Wanderungen her kennen, verzichten wir auf den Aufstieg und wandern direkt zur Bahnstation. Wer hingegen noch nie in Gruyères war, kommt um einen Besuch des pittoresken Städtchens nicht herum.

SCHWIERIGKEIT T1
HÖHENDIFFERENZ
aufwärts 250 m;

Der nicht gefüllte «Lac de Montsalvens».

Zum Glück nicht unser Wanderweg!

abwärts 250 m
AUSRÜSTUNG
normale Wanderausrüstung
EINKEHREN
Notre Dames des Marches Restaurant
Abri des Marches,
Famille Vidal
Rte des Marches 16

1636 Broc
Telefon 026 921 15 33
www.abridesmarches.ch
(Ruhetag Mo)
JAHRESZEIT
März bis Oktober
KARTEN
Landeskarte 1: 50 000,
T 252 Bulle

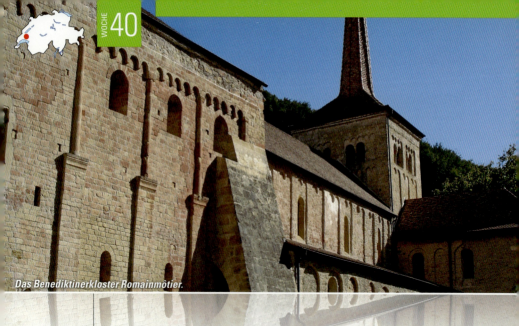

Das Benediktinerkloster Romainmôtier.

NATUR
FAMILIE
KULTUR
KONDITION

Papstbesuch 753 n. Chr.
Romainmôtier–La Sarraz VD

START Croy-Romainmôtier
ZIEL La Sarraz
CHARAKTERISTIK Verbindung von Kultur und Natur auf mühelosen Wegen
WANDERZEIT 3 h
LÄNGE 11,5 km

Wir steigen bei Croy-Romainmôtier aus dem Zug. Der nächste Bus nach Romainmôtier fährt erst in einer Stunde. Die Kirche dort wollen wir auf jeden Fall besuchen. Wir nehmen den kleinen Umweg gern in Kauf, da wir zu unserer Überraschung einem schönen Wasserlauf entlang wandern können. Unterwegs treffen wir auf alte Waschhäuschen. Das Benediktinerkloster Romainmôtier wurde nach einer Legende von St-Romain, dem aus Saint-Claude (Frankreich) stammenden «Vater des Juras», in der Mitte des 5. Jahrhunderts gegründet. Das Kloster wurde im Jahre 753 vom Papst besucht und erhielt darauf den Namen «Romanum monasterium». Nach der Eroberung der Waadt durch den Kanton Bern wurde das Kloster 1536 aufgehoben und die Klosterkirche 1537 in eine reformierte Pfarrkirche umgewandelt.
Wir folgen dem Canal du Nozon, allerdings nicht mehr auf dem gleichen Weg, zurück nach Croy. Gleich darauf, in der Schlucht «Gorges du Nozon», erwarten uns die herrlichen Wasserfälle «Cascade du Dard».
Die Schlucht muss in der letzten Zeit grosse Stürme oder sonstige Unwetter erlebt haben. Viele Erdrutsche und umgefallene Bäume erinnern daran. Nach Ferreyres und einem leichten Aufstieg folgt als

> **Hin und zurück**
>
> **Mit öV ab Bern**
>
> **Anreise:** Nach Croy-Romainmôtier via Lausanne (IR,S). Reisezeit: ca. 2 h.
>
> **Rückreise:** Von La Sarraz via Lausanne nach Bern (S2,IR). Reisezeit: 1 h 50.

weiteres Highlight die «Tine de Conflens». Unterwegs an einem lauschigen Plätzchen geniessen wir kleine Häppchen als Apéro mit einem Weissen vom Bielersee. – Bis zum Restaurant in La Sarraz ist es bloss noch eine halbe Stunde, und es geht nur noch abwärts.

SCHWIERIGKEIT T1
HÖHENDIFFERENZ
aufwärts 100 m;
abwärts 100 m
AUSRÜSTUNG
normale Wanderausrüstung
EINKEHREN
Restaurant O Sole Mio
Rte de la Foule 14
1315 La Sarraz
Telefon 021 866 71 39
www.o-sole-mio.org
(Ruhetag So)
JAHRESZEIT
März bis November
KARTEN
Landeskarte 1:50 000,
T 251 La Sarraz

Cascade du Dard.

Croy-Romainmôtier

Dorfidylle.

Aussicht vom Stand: Mischabel-Gruppe mit dem 4545 m hohen Dom.

Herbstgenuss im Lärchenwald
Moosalp–Bürchen VS

START Moosalp
ZIEL Bürchen
CHARAKTERISTIK Herrliche Wanderung im Angesicht der Walliser und der Berner Alpen
WANDERZEIT 2 h 30
LÄNGE 7 km

Auf dem Weg von Visp zur Moosalp fahren wir mit dem Postauto durch das Dorf Bürchen mit dem Werbeschild «Bürchen – das Birkendorf». Birken gaben dem Ort seinen Namen. Nach einigen zusätzlichen Kehren hält das Postauto auf der Moosalp. Diesen schönen Flecken Erde kannte ich bisher nur aus der Fernsehsendung «Über Stock und Stein» von Nick Hartmann. In einer seiner Wanderetappen hat er mal hier im Zelt übernachtet. Man versichert uns im Restaurant, dass wir an diesem Tag einen Ausblick ins Tal fotografieren könnten, wie man ihn nur ganz selten erlebe. Das ganze Rhonetal bis weit hinein ins Matter- und Saasertal liegt unter einer dicken Nebelschicht... Wahrlich ein ungewöhnlicher Anblick im sonnenverwöhnten Wallis.
Ein absolutes Muss und Highlight ist der kurze Abstecher auf den Stand (2119,5 m ü. M.), den höchsten Punkt auf der Moosalp und auf unserer Wanderung. Es ist der beste Aussichtspunkt der ganzen Wanderung. Um uns herum sind die 4000er der Walliser, aber auch der Berner Alpen zum Greifen nah. Im Süden der Wildstrubel mit dem höchsten Schweizer, dem Dom (4545 m ü. M.), und im Norden die schönste Pyramide und mitunter auch der schwierigste Beinahe-Viertausender der Schweizer Alpen, das

Hin und zurück
Mit öV ab Bern

Anreise: Nach Moosalp via Visp (IC, Bus). Betriebszeiten beachten. Reisezeit: ca. 2 h.

Rückreise: Von Bürchen Station via Visp nach Bern (Bus, IC). Betriebszeiten beachten. Reisezeit: 1 h 45.

Bietschhorn (3934 m ü. M.) – fantastisch! Nachdem wir die grandiosen Aussichten genossen haben, geht's eigentlich erst richtig los. Vorbei an zwei Bergseen und immer umgeben von bunten Lärchen kommen wir auf die Breitmatte. Von dort wandern wir mehr oder weniger der Höhenkurve entlang bis zur Bürchneralp. Das Restaurant Panorama finden wir kurz vor der Alp. Es hat eine schöne Aussenterrasse mit weitem Blick ins Rhonetal. Der Nebel löst sich langsam auf.
Nach dem Essen wandern wir ein kurzes Stück auf dem gleichen Weg, den wir kamen, und biegen dann links auf den ziemlich steilen Abstieg ab. Weil wir das Gefühl haben, unser Bedarf nach steilem Abstieg sei nun gestillt, nehmen wir bei Gärlich bereits das Postauto.

SCHWIERIGKEIT T1
HÖHENDIFFERENZ
aufwärts 200 m;
abwärts 400 m

AUSRÜSTUNG
normale Wanderausrüstung
EINKEHREN
Restaurant Panorama
Bürchneralp, 3935 Bürchen
Christine Furrer, Hans Sigg
Telefon 027 934 13 81
www.restaurant-panorama.ch
Sommersaison von Ende Mai bis Ende Oktober
(Ruhetag: Mo)
Wintersaison von Anfang Dezember bis Ende März
(täglich geöffnet)
JAHRESZEIT
Juni bis Oktober
KARTEN
Landeskarte 1:50 000,
T 274 Visp

Lärchenwald.

Bürchneralp.

Prunkstück der Simmentaler Häuser: «Sälbeze».

NATUR
FAMILIE
KULTUR
KONDITION

Auf dem Simmentaler Hausweg
Oey-Diemtigen nach Erlenbach BE

START Oey-Diemtigen
ZIEL Erlenbach
CHARAKTERISTIK Simmentaler Hausweg mit Zimmermannskunst aus dem 17. und 18. Jahrhundert sowie die Entdeckung eines Dorfes mit altem, unverfälschtem Charakter
WANDERZEIT 3 h 20
LÄNGE 10,5 km

Treffpunkt an diesem schönen Herbsttag ist der Bahnhof Oey-Diemtigen. Im August 2005 richtete ein Jahrhundert-Unwetter hier riesige Schäden an. Station, Gleise, Fahrleitung und Stellwerk waren zerstört. Für rund 9 Millionen Franken wurde alles ersetzt und modernisiert. Die Beseitigung aller Schäden in der Gemeinde kostete über 90 Millionen Franken.
Wir folgen den braunen Wegweisern «Simmentaler Hausweg» und überschreiten gleich den Bahnübergang. Wir folgen ein kurzes Stück parallel dem Bahngeleise talauswärts, steigen leicht an und halten uns dann rechts dem Hang zu. Das erste schöne Simmentalerhaus beim «Feld» mit Baujahr 1737. Etwas weiter ist «Hasli». Nördlich davon das Haus mit der Jahreszahl 1516 an der Flugfirst. Es ist die älteste Datierung im Berner Oberland. Das «Sälbeze» auf 800 m ü. M. (erbaut 1738) ist das Prunkstück simmentalischer Zimmermannskunst und Hausmalerei. Wir treffen die Besitzerin und wechseln ein paar Worte mit ihr. Sie lädt uns ins Haus und zeigt die alte Küche mit Rauchabzug und alles, was noch in Original vorhanden ist. Und auch, wie die Spalten der Holzböden in den Zimmern mit einem Keil von aussen

Hin und zurück
Mit öV ab Bern

Anreise: Direkt (R), Betriebszeiten beachten, oder via Spiez nach Oey-Diemtigen (IC,RE). Reisezeit: ca. 45 Min.

Rückreise: Von Erlenbach direkt (RE) oder via Spiez nach Bern (R,IC oder IR). Reisezeit: ca. 1 h.

immer wieder zum Verschwinden gebracht werden können.
Wir wandern Richtung Diemtigtal auf einer Asphalt-Nebenstrasse und biegen dann zum Grund rechts ab. Hier sind die Folgen des Unwetters immer noch gut sichtbar. Auch der Wanderweg musste verlegt werden. Nach einem kurzen Anstieg im Wald, treten wir aufs weite Feld hinaus und sehen etwas weiter vorne das denkmalgeschützte Dorf Diemtigen. Es lohnt sich, den Dorfteil mit der Kirche zu besuchen. Kirche und Pfarrhaus bilden mit andern Häusern zusammen ein wunderbares Ortsbild. Zu Recht hat Diemtigen 1986 den Wakkerpreis erhalten.

Simmental mit Stockhorn.

Die Dorfbäckerei verkauft vermutlich die grössten Nussgipfel weit und breit. Jedenfalls genügte einer allein, uns 4 Wanderern den ersten Hunger zu stillen, bevor wir im Berggasthaus Bärgli dann ausgiebig zu Mittag assen. Sobald wir das Bärgli überschritten hatten, gab es den Blick frei ins Simmental und aufs gegenüberliegende Stockhorn. Der Weg führt nach dem Mittagessen am Aegelsee vorbei. Über eine steile Wiese und durch lichten Wald wandern wir der Simme nach Erlenbach entgegen. Ein Abstecher in die Kirche lohnt sich auch hier.

SCHWIERIGKEIT T1
HÖHENDIFFERENZ
aufwärts 500 m;
abwärts 500 m
AUSRÜSTUNG
normale Wanderausrüstung
EINKEHREN
Gasthaus Bärgli, Diemtigen
Telefon 033 681 81 11
www.diemtigbergli.ch
Sommersaison: Ende April bis Ende Oktober (täglich geöffnet); Wintersaison: Ende Oktober bis Ende April (Ruhetage Mo und Di)
JAHRESZEIT
Frühjahr bis Herbst
KARTEN
Landeskarte 1:50 000, T 253 Gantrisch

Riesen-Nussgipfel.

WOCHE 43

Auf dem Metzerlenchrüz.

NATUR
FAMILIE
KULTUR
KONDITION

Zum Wallfahrtsort Mariastein SO
Flüh – Mariastein – Metzerlenchrüz – Laufen SO/BL

START Flüh SO
ZIEL Laufen BL
CHARAKTERISTIK
Etwas anspruchsvollere Wanderung über einen Jurakamm
WANDERZEIT 3 h 40
LÄNGE 12,6 km

«Hat sich da ein Verbrechen abgespielt?», mutmasst einer in der Gruppe, als er auf dem Metzerlenchrüz eine schöne, aber tropfnasse Wildlederjacke entdeckt, die am Grenzstein aufgehängt war. Uns fasziniert diese Annahme und wir spinnen die Geschichte kriminalistisch weiter, kommen schliesslich aber doch zum Schluss, dass der Besitzer die Jacke wahrscheinlich nach einem fröhlichen Fest auf dem Grillplatz vergessen hatte. – Ob wir vielleicht zu viel Fernsehkrimis konsumieren?
Wir beginnen die Tour in der solothurnischen Exklave Flüh und wollen ins basellandschaftliche Laufen wandern. Laufen gehörte bis vor nicht allzu langer Zeit zum Kanton Bern, entschied sich aber nach der Gründung des Kantons Jura für eine neue Kantonsheimat im Kanton Baselland.
Nach einem kurzen Aufstieg durch einen Wald erreichen wir die Hochebene mit Mariastein. Schon von weitem sieht man die Häusergruppe mit dem Kloster. Mariastein ist nach Einsiedeln der zweitwichtigste Wallfahrtsort der Schweiz. Gegründet wurde das Kloster im Jahre 1100 in Beinwil, verlegt im Jahr 1648 nach Mariastein. 1874 wurde es durch den Staat aufgehoben und reorganisiert. Das Kloster ist

Hin und zurück
Mit öV ab Bern

Anreise: Nach Flüh via Basel (IC, Tram 10 Richtung Rodersdorf). Betriebszeiten beachten. Reisezeit: ca. 1 h 30.

Rückreise: Von Laufen via Basel (S3, IC), oder via Biel (ICN, RE), oder via Délémont, Biel (S3, RE, RE) nach Bern. Reisezeit: ca. 1 h 30.

in seiner heutigen Form erst 1970/71 wieder hergestellt worden. Das Innere der Kirche muss man unbedingt anschauen. Auch die Gnadenkapelle ist ein Besuch wert, um kurz innezuhalten. Wir verlassen Mariastein auf der Fahrstrasse in südlicher Richtung. Rechts neben uns liegt das Schloss Rotberg, das 1934 in eine Jugendherberge umgewandelt wurde. Nun beginnt ein etwas steiler Anstieg auf den Blauenkamm, und wir sind bald auf dem Metzerlenchrüz, unserem höchsten Punkt. Für den Abstieg zum Restaurant Bergmattenhof stehen zwei Wege zur Verfügung. Bei Nässe empfiehlt sich der etwas längere Weg, das «Leitungswägli», unter der Hochspannungsleitung. Nach dem Mittagessen fehlt uns nur noch gut eine Stunde bis Laufen.

SCHWIERIGKEIT T1
HÖHENDIFFERENZ
aufwärts 400 m;
abwärts 400 m
AUSRÜSTUNG
normale Wanderausrüstung
EINKEHREN
Restaurant Bergmattenhof
Fam. Meury, 4243 Dittingen

Telefon 061 761 34 56
(Ruhetage Di und Mi)
JAHRESZEIT
Frühjahr bis Herbst
KARTEN
Landeskarten 1:50 000,
T 213 Basel und
T 223 Delémont

Laufen.

Hochebene Mariastein.

Für den Biber ist kein Baum zu gross.

Aargauer Aareuferwanderung
Aarau – Schinznach Bad AG

NATUR
FAMILIE
KULTUR
KONDITION

START Aarau
ZIEL Schinznach Bad
CHARAKTERISTIK Flussuferwanderung durch wunderschön renaturierte Auenlandschaft
WANDERZEIT 3 h 30
LÄNGE 15,5 km

In mehreren Etappen und total 25 Stunden Marschzeit führt der Aargauerweg

Hin und zurück
Mit öV ab Bern

Anreise: Direkt (IR), oder via Olten (IC, IR) nach Aarau. Reisezeit: ca. 40 Min.

Rückreise: Von Schinznach Bad via Aarau (S29, IR), oder Brugg, Olten (S29, RE, IC) nach Bern. Reisezeit: ca. 1 h 15.

Nr. 42 von Frick nach Bremgarten. Heute nehmen wir ein Teilstück an der Aare unter die Füsse. Zuerst geht es vom neuen Bahnhof in Aarau in die Altstadt, wo uns viele Restaurants zur Stärkung einladen. Wir nehmen dankend an – es regnet stark.
Unterwegs an der Aare faszinieren uns die Biberspuren. Die Tiere geniessen ihre neue Freiheit und man sieht ihre Spuren an den Bäumen. Es ist schon erstaunlich, was diese Nager alles beissen können. Auch die dicksten Stämme sind nicht sicher vor ihnen. Auf der andern Seite der Aare erblicken wir das Schloss Biberstein mit dem Berner

Wappen. Dann ein lustiges Hinweisschild im Aareschächli. Durch das grosse Nahrungsangebot in Form von freischwimmenden Hunden im Naturschutzgebiet hätten sich jetzt auch noch Schwertwale eingenistet. Deshalb empfehle man den Hunden das ge-

fahrlose Baden allenfalls nur noch beim Dreibrückenplatz in der Giessen.
Robert ist gestern Grossvater geworden. Er spendiert heute den Apéro, worauf wir dem frischgebackenen Grossvater herzlich gratulieren und auf das Wohl der kleinen Erdenbürgerin anstossen. Kurz vor Wildegg, dann riesige Erdverschiebungen infolge der Renaturierungen. In ein paar Jahren wird das alles überwachsen sein und so aussehen, wie wenn es immer schon so natürlich gewesen wäre. Wildegg bietet sich für einen Mittagshalt an. Bis Schinznach Bad ist es schliesslich noch gut eine Stunde.

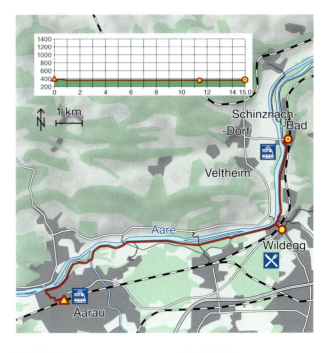

SCHWIERIGKEIT T1
HÖHENDIFFERENZ
aufwärts 50m;
abwärts 50m
AUSRÜSTUNG
normale Wanderausrüstung

EINKEHREN
Restaurant sale e pepe
Bahnhofstrasse 2
5130 Wildegg
Telefon 062 893 21 22
www.sale-e-pepe.ch
(Ruhetage Mo und Di)

JAHRESZEIT
ganzjährig
KARTEN
Landeskarten 1:50 000,
T 224 Olten und
T 215 Baden

Am renaturierten Aareufer.

Altstadt von Aarau.

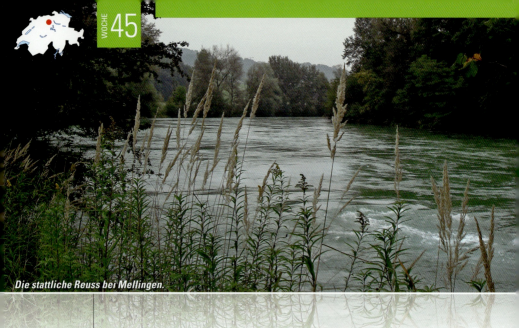
Die stattliche Reuss bei Mellingen.

Dem Reussufer entlang
Mellingen – Bremgarten AG

START Mellingen
ZIEL Bremgarten
CHARAKTERISTIK Flache Wanderung entlang der Reuss
WANDERZEIT 3 h 30
LÄNGE 14 km

Auf den ersten Blick scheint die Reuss gleich gross zu sein wie die mir vertraute Aare in Bern. Das mag bezüglich der Breite des Flusses zwar stimmen, die durchschnittliche Wassermenge der Reuss von 140 m³/s ist jedoch nur etwa halb so gross wie die der Aare (315 m³/s). Im sogenannten Wasserschloss fliessen die Limmat und die Reuss in die Aare, welche dann bei Koblenz in den etwa halb so grossen Rhein fliesst und unter diesem Namen weiter nordwärts in die Nordsee gelangt. Es gibt viele Erklärungsversuche, warum nicht die Aare, als der grössere der beiden Flüsse, als Namensgeberin fungierte. Eine Erklärung ist, dass eben bereits die Römer den Rhein als Schifffahrtsweg benutzten und er deshalb bekannter und bedeutender, wenn auch kleiner als die Aare war.

Wir starten in Mellingen, einem alten Städtchen am linken Reussufer. Mindestens seit 1253 steht hier eine Brücke über den Fluss. Der Wanderweg verläuft praktisch auf seiner ganzen Länge dem rechten Flussufer entlang. Wir durchqueren bei Stetten das schöne Naturschutzgebiet Rüsshalde. Es gibt Uferpartien, da könnte man sich an einem Sandstrand im Süden wähnen. Auf der andern Seite sehen wir das der heiligen Jungfrau geweihte Frauenkloster «Vallis Gratianum» (Gnadental), dessen Ursprung in die Mitte des 13.

Hin und zurück
Mit öV ab Bern

Anreise: Nach Mellingen-Heitersberg via Aarau (IR, S3). Reisezeit: ca. 1 h.

Rückreise: Von Bremgarten gibt es viele Verbindungsmöglichkeiten zurück nach Bern. Reisezeit: 1 h bis 2 h.

Jahrhunderts zurückgeht. Seit 1998 nennt es sich «Reusspark-Zentrum für Pflege und Betreuung». In Sulz ist etwas mehr als die Hälfte der Wanderung erreicht. Für uns Zeit, im Restaurant Fahr den Mittagshalt bei Fleischvogel und Kartoffelstock einzulegen. Bis Bremgarten bleiben wir auf dem rechten Flussufer, da die Fähre nur von Mitte März bis Mitte Oktober in Betrieb ist. Bald schon tauchen die ersten farbigen Häuser von Bremgarten auf, und wir sind am Ziel.

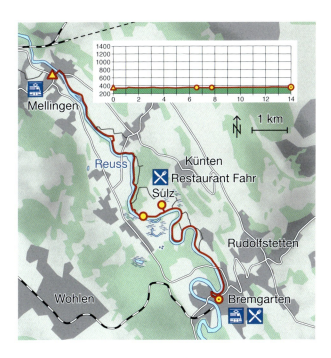

SCHWIERIGKEIT T1
HÖHENDIFFERENZ
aufwärts 50 m;
abwärts 50 m
AUSRÜSTUNG
normale Wanderausrüstung
EINKEHREN
Restaurant Fahr
Grossacherweg 1
5444 Sulz bei Künten
Telefon 056 496 11 66
www.fahr-sulz.ch
(Ruhetage im Winter: Mo und Di)
JAHRESZEIT ganzjährig
KARTEN
Landeskarte 1:50000,
T 225 Zürich

Mellingen.

Frauenkloster Gnadental.

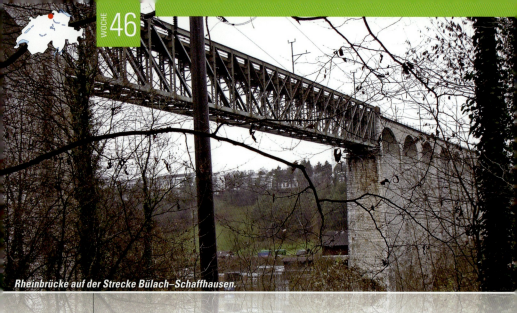

Rheinbrücke auf der Strecke Bülach–Schaffhausen.

WOCHE 46

Deutschland oder die Schweiz?
Kaiserstuhl–Eglisau (Rhein) AG

NATUR ■■■■☐
FAMILIE ■■■☐☐
KULTUR ■■■☐☐
KONDITION ■☐☐☐☐

START Kaiserstuhl
ZIEL Eglisau
CHARAKTERISTIK Wanderung an stillen und stark fliessenden Wassern
WANDERZEIT 3 h
LÄNGE 9,5 km

Bei Kaiserstuhl hat man die Wahl zwischen zwei Ländern. Entweder man nimmt die linke Uferseite in der Schweiz oder wechselt auf die rechte Seite nach Deutschland. Beide Wege führen nach Eglisau.
Auf der Schweizer Seite wandert man auf dem Gottfried-Keller-Dichterweg. Gerade am Beginn findet man auf einer Tafel einen Textauszug aus der Zürcher Novelle «Hadlaub».

Die Etappe Kaiserstuhl nach Eglisau war die kürzeste der Rheinwanderung von Basel nach Schaffhausen, welche ich im November vor vier Jahren unternahm. Die andern Etappen waren jeweils zwischen 5 h und 7 h lang. Ich unterteilte dazu die gesamte Strecke (ca. 130 km) in total 6 Etappen. Kaiserstuhl ist mit dem öffentlichen Verkehr gut erreichbar. Es ist trüb und leicht regnerisch. Ideales Wetter also für diese Wanderung. Da der Rhein zwischen Basel und Schaffhausen meistens die Grenze markiert, war das Ufer im Zweiten Weltkrieg sehr stark befestigt. Die noch vorhandenen Bunker sind aus stabilem Beton und verfallen wahrscheinlich

Hin und zurück
Mit öV ab Bern

Anreise: Nach Kaiserstuhl via Zürich nach Eglisau (IC, S5, S41). Reisezeit: ca. 1 h 45.

Rückreise: Von Eglisau via Zürich nach Bern (S5, IC). Reisezeit: 1 h 30.

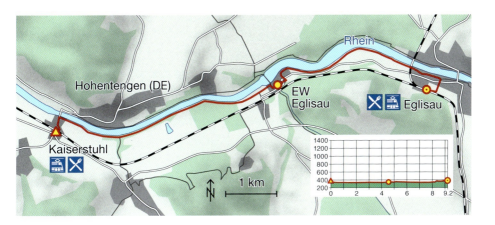

erst in einigen hundert Jahren. Ich wäre nicht überrascht, wenn diese heute schon unter Denkmalschutz stünden.
Zur Energiegewinnung wird das Wasser des Rheins einige Male gestaut. Ich passiere das Elektrizitätswerk Eglisau. Der Rhein präsentiert sich hier wie ein See. Viele Schwäne und Enten tummeln sich auf dem Wasser.

Vor Eglisau wandere ich unter der Eisenbahnbrücke der Strecke Bülach–Schaffhausen durch. Die 457 m lange Brücke wurde von 1895 bis 1897 erstellt. 1982 wurde sie grundlegend saniert. Der Bahnhof von Eglisau liegt etwas ausserhalb des Ortes. Ich könnte hier gerade den Zug nehmen. Da ich aber hungrig bin und die Altstadt von Eglisau besichtigen möchte, eilt es mir nicht. Im «Nachtwächter» bekomme ich sogar noch etwas Warmes.

Eglisau.

SCHWIERIGKEIT T1
HÖHENDIFFERENZ
aufwärts 0 m;
abwärts 0 m
AUSRÜSTUNG
normale Wanderausrüstung
EINKEHREN
Restaurant Nachtwächter
Untergass 2
8193 Eglisau
Telefon 044 867 18 77
www.cafe-nachtwaechter.ch
Oder in sonst einem der vielen Restaurants in Eglisau.
JAHRESZEIT ganzjährig
KARTEN
Landeskarte 1:50 000,
T 215 Baden

Kaiserstuhl.

Auf der Umrundung des Lützelsees.

Feriengefühle am Zürichsee
Stäfa – Lützelsee – Rapperswil ZH / SG

NATUR ■■■■
FAMILIE ■■■
KULTUR ■
KONDITION ■■

START Stäfa, mit dem Bus (Richtung Oetwil a.S.) nach Mühlehölzli
ZIEL Rapperswil
CHARAKTERISTIK Schöne, aussichtsreiche Höhenwanderung mit Blick auf den Zürichsee. Im Sommer angenehm, da auch Waldpartien vorhanden sind. Letzter Abschnitt etwas viel Hartbelag
WANDERZEIT 3 h 15

Es war ein schöner Tag Ende Februar, als wir diese Wanderung zu dritt unternahmen. In Stäfa waren frühlingshafte Bedingungen. Wir nahmen den Bus Richtung Oetwil, um den Aufstieg zu umgehen. Vom Mühlehölzli (Passhöhe zwischen Stäfa und Oetwil) zweigten wir rechts in den Wald ab. Da die erste Überraschung: Der Wanderweg war auf den ersten paar hundert Metern noch ziemlich vereist. Mit der nötigen Vorsicht war dies aber kein Problem. Wir befinden uns auf einem Teilstück des 2005 eingeweihten «Panoramawegs von Zürich Rehalp nach Feldbach». Nach ca. 20 Minuten treten wir in einer Rechtskurve aus dem Wald heraus. Gleich gelangen wir in offenes Gelände, wo wir das traumhafte Berg- und Seepanorama erblicken. Der idyllisch gelegene Lützelsee ist noch mit einer Eisschicht bedeckt. Bei Lutikon umgehen wir den See auf der etwas längeren Strecke des Wanderweges, der links abzweigt. Uns Berner beeindrucken hier die wunderschönen Riegelhäuser, welche typisch für diese Gegend sind. Wir könnten uns vorstellen, dass diese Wanderung im Frühjahr mit den blühenden Apfel- und Birnbäumen auch sehr reizvoll

Hin und zurück
Mit öV ab Bern

Anreise: Nach Stäfa via Zürich (IC,S7). Reisezeit: 1 h 35.

Rückreise: Von Rapperswil via Zürich nach Bern (S15, IC). Reisezeit: ca. 1 h 45.

wäre. Die Wanderung eignet sich nämlich für jede Jahreszeit.
Da bald Mittagszeit ist und wir etwas essen möchten, zweigen wir nach dem wunderschönen Aussichtspunkt bei Breitenloh nach Wolfhausen ab. Vorbei am Behindertenheim Balm, wo es eine weitere Einkehrmöglichkeit gibt (etwa für einen Kaffee nach dem Mittagessen). In einem Garten sehen wir bereits die ersten Blumen. In Kempraten könnten wir unsere Wanderung abbrechen, da sich dort eine Station der S-Bahn befindet. Wir wandern aber zum Trotz bis in die schöne Stadt Rapperswil weiter. Nicht zuletzt, weil ich an den Gestaden des Zürichsees bei Rapperswil immer das Gefühl habe, in den Ferien zu sein.

SCHWIERIGKEIT T1
HÖHENDIFFERENZ
aufwärts 100 m;
abwärts 300 m
AUSRÜSTUNG
normale Wanderausrüstung
EINKEHREN
Restaurant Rosenburg
Hauptstrasse
vis-à-vis der Post
8633 Wolfhausen
Telefon 055 243 11 42

www.rosenburg.ch
(Ruhetag So)
JAHRESZEIT
ganzjährig
KARTEN
Landeskarte 1:50 000,
T 226 Rapperswil

Panoramasicht auf den Zürichsee.

Naturschutzgebiet am Obersee bei Rapperswil.

Winterwandern am Obersee
Rapperswil – Schmerikon SG

NATUR ■■■
FAMILIE ■■■
KULTUR ■■■
KONDITION ■■

START Rapperswil-Jona
ZIEL Schmerikon
CHARAKTERISTIK Flachwanderung am oberen Zürichsee
WANDERZEIT 3 h
LÄNGE 11,5 km

Bollingen liegt etwa auf halber Strecke zwischen Rapperswil und Schmerikon. Der Ort ist nicht nur am See gelegen, sondern hatte auch eine ganz besondere Bedeutung im Leben von C.G. Jung, Begründer der analytischen Psychologie und einer der bedeutendsten Denker des letzten Jahrhunderts. Ein wichtiges Refugium für ihn war sein «Turm», in dem er vor allem im Alter fast die Hälfte des Jahres verbrachte. Es ist Februar, kalt, und es liegt immer noch ziemlich viel Schnee auf dem Wanderweg. Wir starten in Rapperswil-Jona und wandern vorerst durch das Naturschutzgebiet am oberen Zürichsee, kommen beim Schwimmbad vorbei, wandern knapp einen Kilometer nordwärts der Jona entlang und erreichen das Kloster Wurmsbach. In der Homepage des Dorfvereins Bollingen www.dorfverein-bollingen.ch kann man Interessantes über das Zisterzienserkloster lesen.
Auf unserem weiteren Weg, mehr oder weniger parallel zu den Geleisen des Voralpen-Express, kommen wir an der 2004 aufgehobenen Bahnstation Bollingen vorbei. Grund für die Aufhebung war die zu weite Entfernung vom Dorf und die zu geringen Frequenzen. Heute dient die Station als Wohnhaus.

Bald sind wir in Bollingen mit seiner hübschen Kirche und, unterhalb, dem dazugehörenden kleinen Reb-

Hin und zurück
Mit öV ab Bern

Anreise: Nach Rapperswil via Zürich (IC, S15).
Reisezeit: ca. 1 h 45.

Rückreise: Von Schmerikon via Rapperswil, Zürich nach Bern (IR, S7, IC). Reisezeit: 2 h 10.

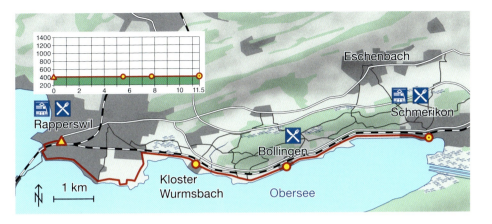

berg. Natürlich finden wir auch hier ein gutes Restaurant. Das «Schiffahrt» liegt direkt am See, hat eine schöne Terrasse (für uns heute leider ohne Bedeutung), gutes und preiswertes Essen (für uns umso grössere Bedeutung). Nach dem Essen nehmen wir noch den Rest des Weges bis Schmerikon unter die Füsse. In Schmerikon sieht man den Bauboom auf Schritt und Tritt. Viele neue Wohnbauten schiessen aus dem Boden.

SCHWIERIGKEIT T1
HÖHENDIFFERENZ
keine
AUSRÜSTUNG
normale Wanderausrüstung
EINKEHREN
Restaurant Schiffahrt
Familie Artho-Marty
Dorfstrasse 43
8715 Bollingen
Telefon 055 212 33 16
www.schiffahrt-bollingen.ch
(Mai bis August 7 Tage offen; September bis April Mi bis So offen)
JAHRESZEIT
ganzes Jahr

KARTEN
Landeskarte 1:50 000,
T 226 Rapperswil

Kirche Bollingen.

Rapperswil.

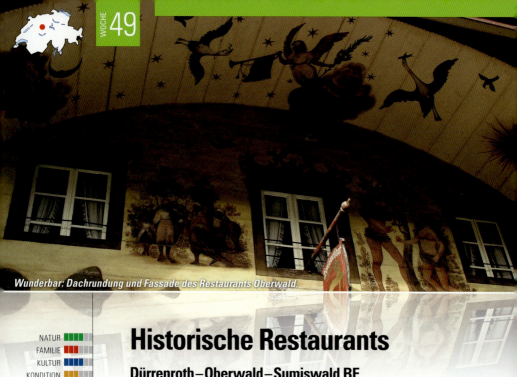

Wunderbar: Dachrundung und Fassade des Restaurants Oberwald.

NATUR	■■■■
FAMILIE	■■■
KULTUR	■■■■
KONDITION	■■

Historische Restaurants
Dürrenroth – Oberwald – Sumiswald BE

START Dürrenroth
ZIEL Sumiswald
CHARAKTERISTIK Einfache, genussvolle Wanderung vorbei an einem wunderbaren Restaurant
WANDERZEIT 3 h
LÄNGE 12,3 km

Warum stehen im Emmental so viele Linden? Zufällig bin ich auf einen interessanten Bericht des Berner Sagen- und Geschichtsforschers Pier Hänni gestossen. Hänni vermutet in seinem Buch «Magisches Bernbiet» (AT Verlag, Aarau), dass die sanften Hügel des Emmentals der Linde eine besonders passende Kulisse geboten hätten und unsere Vorfahren nach heftigen Waldrodungen mit den Bäumen die Landschaft wieder zu verschönern versuchten. Die Vorliebe für den Lindenbaum war im Emmental offensichtlich sehr ausgeprägt.
Der «Bären» in Dürrenroth ist von der UNESCO als historisches Restaurant bezeichnet (Baudenkmal von nationaler Bedeutung). Wir lassen es uns nicht nehmen und besichtigen das Restaurant samt Kaffeegenuss, auch von innen.
Bis zum Oberwald verläuft der Weg zuerst über offenes Gelände, dann ein kurzes Stück durch den Oberwald selber und verlässt diesen dann auf ca. 890 m ü. M. Links von uns treffen wir auf das alte Restaurant Oberwald. An

Meringue zum Abschluss.

> **Hin und zurück**
> **Mit öV ab Bern**
> **Anreise:** Via Sumiswald nach Dürrenroth (S44, Bus). Reisezeit: ca. 45 Min.
> **Rückreise:** Von Sumiswald-Grünen nach Bern (S44). Reisezeit: ca. 55 Min.

der Fassade unter der Dachrundung steht die Jahrzahl 1762. Hier fühlt man sich im Innern um Jahre zurückversetzt. Eine alte Jukebox mit echten Vynil-Schallplatten steht in einer Ecke und funktioniert noch. Wir geniessen eine kräftige Suppe, Rauchwürste mit Kartoffelsalat und zum Dessert eine Meringue. Das Restaurant ist wirklich eine Attraktion.
Über die Schonegg erreichen wir Sumiswald. Bekannt auch durch die Turmuhren-Fabrik I.G. Baer AG.

SCHWIERIGKEIT T1
HÖHENDIFFERENZ
aufwärts 250 m;
abwärts 300 m
AUSRÜSTUNG
normale Wanderausrüstung
EINKEHREN
Restaurant Oberwald
Gertrud Christen
3465 Dürrenroth
Telefon 062 966 15 19
(Ruhetage Mo und Di)
JAHRESZEIT ganzjährig
KARTEN
Landeskarte 1:50 000,
T 234 Willisau

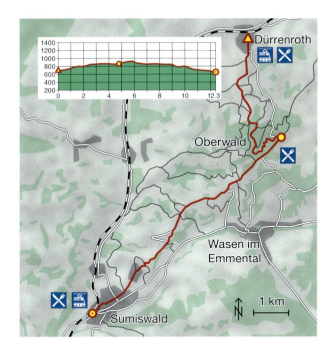

Typisch Emmental.

Lindenbäume auf den sanften Hügeln.

Bommerweiher im Winter.

Ghackets mit Hörnli
Kreuzlingen–Bommerweiher–Weinfelden TG

NATUR
FAMILIE
KULTUR
KONDITION

START Kreuzlingen
ZIEL Weinfelden
CHARAKTERISTIK Gewellte Landschaften und schöne Wälder in Mostindien
WANDERZEIT 3 h 30
LÄNGE 14,2 km

Ein Wandertipp in einer Zeitungskolumne von Thomas Widmer inspirierte mich, diese Wanderung selber zu unternehmen. Allerdings begann ich in Kreuzlingen und hoffte damit, dass der «Stelzenhof» nicht wie bei ihm noch geschlossen, sondern geöffnet sei, wenn ich am Mittag ankommen würde. Und ich sollte Recht bekommen. Der «Stelzenhof» ist ab 11 Uhr geöffnet und hat meinen Mittagshalt gerettet.

In Kreuzlingen ist es nicht ganz einfach, den Weg zu finden. Liegt es daran, dass Kreuzlingen auf der Landeskarte 1:50 000 Arbon auf der Rückseite aufgedruckt ist, so dass sich zwei Wege anbieten, wie man nach Süden gelangt? Mit einigen Umwegen gelangte ich schliesslich zur Bahnstation Girsbärg und fand Wegweiser, welche mir Bommerweiher und Weinfelden anzeigten.

Es ist ein kalter und windiger Dezembertag. Vorbei an den Bunkern des Kreuzlinger Festungsgürtels aus dem Zweiten Weltkrieg, sehe ich unvermittelt einen der zugefrorenen Weiher.

Die Bommerweiher sind künstlich angelegte Teiche aus dem 15. Jahrhundert, die den Wasserzufluss zu einer nahen Mühle steuerten. Später mussten sie nachgebessert werden. Heute steht das ganze Gebiet unter Naturschutz. Ich sehe einen Fischreiher, der erschrocken auf und davon

Hin und zurück
Mit öV ab Bern

Anreise: Nach Kreuzlingen via Zürich (IC, IR) oder via Weinfelden (IC, R).
Reisezeit: 2 h 20 oder 2 h 30.

Rückreise: Von Weinfelden nach Bern, entweder direkt (IC) oder via Zürich (IR, IC).
Reisezeit: ca. 2 h.

fliegt. Ich kann fast nicht glauben, dass die ganze Szenerie nicht natürlich entstanden sein soll. Bei Ellighausen entdecke ich schöne Fachwerkhäuser und auch eine Wirtschaft. Im Wald unterwegs findet man auch wunderschöne Picknickplätze, falls man Lust hätte, sich aus dem Rucksack zu verpflegen. Wie Sie mich kennen, habe ich es vorgezogen, bis zum «Stelzenhof» weiterzuwandern. Dort gab es feines Ghackets mit Hörnli und dazu einen Sauren Most. Nach dem Mittagessen wandern wir noch eine kleine Schlucht hinunter, und bald erblicken wir die mächtige Kirche von Weinfelden

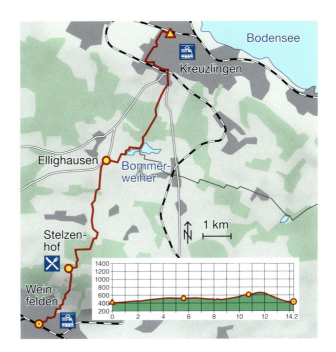

SCHWIERIGKEIT T1
HÖHENDIFFERENZ
aufwärts 250 m;
abwärts 200 m
AUSRÜSTUNG
normale Wanderausrüstung
EINKEHREN
Wirtschaft Stelzenhof
Familie Kamm
Stelzenhofstrasse 11
8570 Weinfelden
Telefon 071 622 40 10
www.stelzenhof.ch
info@stelzenhof.ch
Täglich geöffnet Mo bis Sa
von 11 bis 24 Uhr;
Sonn- und allg. Feiertage
von 9 bis 20 Uhr
JAHRESZEIT
ganzjährig
KARTEN
Landeskarte 1:50 000,
T 217 Arbon

Mostindien.

Währschaftes im «Stelzenhof».

Kreuzlingen.

WOCHE 51

Hoffentlich bleibt die Spucke weg.

NATUR
FAMILIE
KULTUR
KONDITION

Der Oberaargau gehört zu Bern
Rundwanderung Wynigen – «Rudswilbad» – Wynigen BE

START Wynigen SBB
ZIEL Wynigen SBB
CHARAKTERISTIK Wanderung ohne grosse Höhenunterschiede durch Wälder und über Felder
WANDERZEIT 3 h 15
LÄNGE 12,6 km

Obwohl ich den Oberaargau eigentlich kennen sollte, da ich ja dort geboren wurde und aufgewachsen bin, interessierte mich die Frage, wie die Gegend denn eigentlich definiert wird. Im Wikipedia bin ich fündig geworden und lese abgekürzt folgendes: Es ist der nordöstlichste Teil des Kantons Bern und grenzt an die Kantone Aargau, Solothurn und Luzern. Im Süden geht der Oberaargau nahtlos ins Emmental über. Die Grenze ist nicht immer gleich definiert. Die Gemeinde Dürrenroth z.B. liegt nördlich der Wasserscheide zwischen Aare und Emme und ist deshalb geographisch gesehen Teil des Oberaargaus; politisch gehört sie aber zum Verwaltungsbezirk Emmental.
Die Gemeinde Wynigen jedoch liegt sicher noch im Oberaargau. Es herrscht anlässlich unserer Wanderung ein kalter Wintertag. Wir unternehmen eine gut dreistündige Rundwanderung durch die typische Oberaargauer Landschaft. Da gibt es viele ausgedehnte Wälder und freie Ländereien, die man eigentlich im stark überbauten Mittelland so nicht mehr erwartet. Umso grösser ist natürlich die Entdeckung und Begeisterung für dieses schöne Wandergebiet.
Wir machen die Rundwanderung gegen den Uhrzeigersinn. Das heisst, wir wandern zuerst durch den Birchliwald Richtung Will. Weiter geht es durch kleine Wälder und über sanfte Hügel nach Nieder-

Hin und zurück
Mit öV ab Bern

Anreise: Nach Wynigen (IR). Reisezeit: ca. 20 Min.

Rückreise: Von Wynigen nach Bern (IR). Reisezeit: ca. 20 Min.

ösch. Das währschafte Bauerndorf ist im Jahre 1812 von einer schweren Feuersbrunst heimgesucht worden.

Das «Rudswilbad» ist eine Entdeckung. Das junge Wirtepaar investiert viel in den Betrieb. Die Wirtin zeigte uns auch die lange Höhle, welche zur hauseigenen Wasserquelle führt, deren Wasserqualität durch die Kreuz-Apotheke in Zollikofen überprüft und attestiert wird.
Im Reiteneggwald kreuzen wir den alten Märitweg und erreichen die höchste Stelle (Pt. 601) der Wanderung, bevor wir durch den Tannwald wieder nach Wynigen zurückkehren.

SCHWIERIGKEIT T1
HÖHENDIFFERENZ
aufwärts 100 m;
abwärts 100 m
AUSRÜSTUNG normale Wanderausrüstung
EINKEHREN
Restaurant Rudswilbad
3423 Ersigen
Telefon 034 445 23 38
www.rudswilbad.ch
info@rudswilbad.ch
(Ruhetage So ab 18 Uhr bis Di 17 Uhr)
JAHRESZEIT
ganzjährig
KARTEN
Landeskarte 1:50 000,
T 233 Solothurn

Mystische Winterlandschaft bei Rudswil.

Wasserattest.

WOCHE 52

Kirchenfenster in Mézières.

NATUR
FAMILIE
KULTUR
KONDITION

Kunst- und Kulturwanderung
Romont–Grangettes–Romont FR

START Romont
ZIEL Romont
CHARAKTERISTIK Rundwanderung zu sehenswerten Kirchenfenstern
WANDERZEIT 3 h 50
LÄNGE 14,1 km

Ist man mit dem Zug zwischen Lausanne und Fribourg unterwegs und sieht den gewaltigen Rundturm

(Tour à Boyer aus dem 13. Jahrhundert), weiss man, dass man bei Romont durchgefahren ist. Heute steigen wir aus und begeben uns auf eine Kunst- und Kulturwanderung zu schönen Kirchenfenstern in und um Romont.
Vom Bahnhof in die Stadt Romont folgen wir dem braunen Wegweiser «circuit du vitrail» und haben zuerst einige Treppen zu steigen. Das malerische historische Städtchen mit Umfassungsmauer wurde nämlich auf einem Hügel erbaut. Eine bedeutende Touristenattraktion stellt das 1981 eröffnete Musée Suisse du vitrail dar (Schweizerisches Museum für Glasmalerei).

Wir besuchen die ersten beiden Kirchen in Romont: «Collégiale Notre-Dame de l'Assomption» (älteste Fenster aus dem 14. Jahrhundert) und die «Eglise abbatiale de la Fille-Dieu» (Fenster vom Engländer Brian Clarke).
Ausserhalb dann der ultimative Wassertest für unsere Schuhe und Regenhosen: Der Wanderweg führt durch hohes klatschnasses Gras.

Hin und zurück
Mit öV ab Bern

Anreise: Nach Romont (IR). Reisezeit: ca. 40 Min.

Rückreise: Von Romont nach Bern (IR). Reisezeit: ca. 40 Min.

Einige teure Markenartikel bestehen den Test nur ungenügend. Die folgenden Kirchen befinden sich in Berlens und Grangettes. In Berlens besuchen wir die «Chappelle Notre Dame de l'Epine» (seit dem Mittelalter), in Grangettes die «Eglise St-Maurice».
Nach so viel Kultur- und Kunstgenuss regt sich nach der schönen Rundwanderung der Appetit nach etwas Währschaftem und wir essen im Bahnhofbuffet Romont zu Mittag. Gestärkt geniessen wir schliesslich auch noch den Museumsbesuch im «Musée Suisse du vitrail».

SCHWIERIGKEIT T1
HÖHENDIFFERENZ
aufwärts 100 m;
abwärts 100 m
AUSRÜSTUNG
normale Wanderausrüstung
EINKEHREN Bahnhofbuffet Romont
JAHRESZEIT ganzjährig
KARTEN
Landeskarte 1:50 000,
T 252 Bulle
INFO www.romont.ch

Auf dem «circuit du vitrail».

Kirchenfenster in Romont.

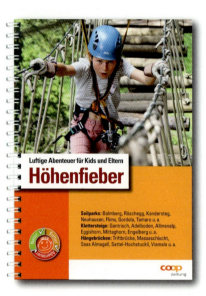

Klettersteige, Hängebrücken, Seilparks

Höhenfieber

Welcher Seilpark ist für Familien geeignet? Wie schwierig ist der Klettersteig? Und: Ist die Hängebrücke auch tatsächlich die längste in der Schweiz? Coop hat speziell für Familien über 20 spannende Hängepartien geprüft und ausgewählt. Damit Sie nicht länger zu Hause rumhängen…

Jochen Ihle
Höhenfieber. 20 Klettersteige, Hängebrücken, Seilparks für Familien
96 Seiten, laminierter Umschlag mit Einschlagklappe, Wiro-Bindung, Format 14,8×21 cm, CHF 24.–
ISBN 978-3-9523778-1-9

20 tierisch gute Familienwanderungen

Spurensuche

Wir beobachten Gämsen und Frösche. Wir staunen über Bartgeier und Enten. Und wir bewundern Schmetterlinge und Smaragdeidechsen, erforschen Fischteiche und lernen die Spuren des Wolfes kennen. «Spurensuche» zeigt an vielen Beispielen, wo jeder in der Schweiz auf interessanten Familienwanderungen die besprochenen Tiere selber entdecken kann. Wandervorschläge und Bergtourentipps für jede Jahreszeit.

Barbara Leuthold, Sandra Papachristos
Spurensuche. 20 tierisch gute Familienwanderungen
96 Seiten, laminierter Umschlag mit Einschlagklappe, Wiro-Bindung, Format 14,8×21 cm, CHF 24.–
ISBN 978-3-9523778-0-2

Erhältlich im Buchhandel und bei
www.coopzeitung.ch/buchverlag

Coop Bücher c/o Coopzeitung, Postfach,
5431 Wettingen, Fax 056 437 35 55